幸福な離婚

家庭裁判所の調停現場から

鮎川 潤

関西学院大学名誉教授

799

中公新書ラクレ

まえがき

夫婦の関係が以前ほど順調に行かなくなったとき、ギクシャクしてきたとき、自分の気持ちや考えが相手になかなか伝わらなくなったとき、ふと「離婚」という言葉が頭に浮かんだ人は多いと思います。また、まだ結婚していない人でも、結婚する前に離婚について正しい知識を得ておきたいと考える人はいるでしょう。

この本では、そのような人に、具体的なケースにもとづいて、離婚がどのように行われるのか、離婚によってそれぞれの人が新しい人生を気持ちよく歩みだすためには何に注意したらいいのか、何を準備したらいいのか、逆に何をしてはいけないのかなどについて、一緒に考えていきます。

筆者は家族の問題に四〇年以上にわたって関心を持ってきました。

家族問題の専門家とされる家庭裁判所調査官に対して、家庭裁判所調査官研修所などで「社会病理学」の講義をしたり、家庭裁判所調査官の採用試験問題の出題と採点を約一〇年間担当しました。

家庭裁判所には、夫婦、家族および親族の間の紛争について、裁判ではなく話し合いによって解決を図る**家事調停**の制度があります。民間人から選ばれて、この話し合いによって双方が合意に達して紛争の解決に至るのを手助けするのが**家事調停委員**です。身分としては非常勤の国家公務員ということになります。筆者は一〇年以上にわたって家事調停委員を務め、数多くの離婚やそれに関係した調停事件を担当してきました。

この本は、今まで社会に対してほとんど情報発信されることのなかった、家事調停委員による調停現場からの報告でもあります。

社会病理学とは、社会的に好ましくないとされる現象を分析する学問分野で、離婚を研究対象としてきました。しかし、わが国においても離婚が珍しくない現象となり、他方で、アメリカ社会学会で社会病理学が「逸脱行動論」、「社会問題研究」と呼び変えられるようになり、離婚に「病理」のレッテルが貼られることはなくなってきました。筆者も、通常の社会現象として家族と離婚についての考察を進めてきました。

また筆者は、少年非行や少年犯罪についても研究してきています。マスメディアで少年の家族的背景に踏み込んで報道することは、少年法と個人情報の保護の観点から、差し控えられる傾向にあります。しかし、重大な犯罪を行った少年の成育環境を調べてみると、一般の人からは想像できないような過酷な家族環境で育ってきた少年が少なくありません。長年家庭裁判所で少年事件を担当してきた裁判官が「非行少年の成育歴は悲惨であることが少なくなく、『こんな家庭で育てられたのに、よくこの程度の犯罪でとどまったものだ』と思うこともよくあります」（河原俊也、二〇二二年）と述べていますが、その観があることは否めないように思われます。

離婚が幸福な結果へと導かれることは、本人にとっても子どもにとっても、その後の人生を歩んでいく上で非常に重要なことです。離婚する夫婦のそれぞれに幸せが訪れるとともに――二人の間に子どもがいれば――その子どもにも同様に幸せが訪れることを願わずにはいられません。

離婚のことがふと思い浮かんだり、なんとなく気になっている人が幸せになるために、また本気で離婚について考えようとしている人が、離婚でよりよい結果をもたらすために、この本がお役に立つことができれば、たいへんうれしく思います。

目次

図表作成・本文ＤＴＰ／今井明子

幸福な離婚

家庭裁判所の調停現場から

第一章

結婚と離婚の現在

1　日本における結婚と離婚

変わってきた家族の姿

日本の家族は、現在、大きな変動を遂げています。この本は離婚に関するものですが、大前提として、最初に日本の家族について全体的なことを把握しておく必要があります。

日本の家族の大きな変動とは、ＬＧＢＴＱの方の生活とその主張のことを言っているのではありません。国際化の進展とともに、国際結婚のカップル――ペア、婚姻者、夫婦と呼ぶのがいいでしょうか。この言葉に違和感があれば、今後どうぞ自由に置き換えて読んでいってください――が珍しくなくなったことを言っているのでもありません。これらのことを含むまでもなく、従来の伝統的な日本人の結婚の形態が根本的に変動しているのです。

その一。初めて結婚する人の平均年齢が上がってきました。一九六〇年には男性は二七・二歳、女性は二四・四歳だったところ、二〇二〇年には男性は三一・〇歳、女性は

二九・四歳になりました。（「人口動態統計　婚姻」二〇二一年）

その二。離婚者の数が増加しました。離婚件数は、一九六〇年には六万九四一〇だったところ、一九八〇年には一四万一六八九、二〇〇〇年には二六万四二四六、二〇二〇年には一九万三二五三になりました。

現在離婚数はピークを過ぎていますが、人口一〇〇〇人当たりの離婚数である**離婚率**は、一九六〇年には〇・七四、一九八〇年には一・二二、二〇〇〇年には二・一〇、二〇二〇年には一・五七でした。確かに、明治時代の初期にわが国の離婚率が高かったことがありますが、現在、それをはるかに上回る離婚率となっています。（「人口動態統計特殊報告　離婚に関する統計」二〇二二年）

離婚率は全体の人口に対する比率ですから、出生数が減少し、子どもの数が少なくなっていることや、非婚者の増加に、数値が影響されます。そこで、**有配偶離婚率**が使われます。これは結婚しているカップル一〇〇〇組のうちで離婚するカップルの数です。

一九六〇年、一九九〇年、二〇二〇年という三〇年間隔で四つの年齢階層を見たいと思います。

妻の年齢の二〇歳以上二四歳以下は七・〇七から二三・七六を経て五一・〇六へ。三

○歳以上三四歳以下は二・一七から五・八七を経て一三・〇三へ。四〇歳以上四四歳以下は〇・九三から三・二一を経て六・九九へ。五〇歳以上五四歳以下は〇・三九から一・二三を経て三・八四へ。このように、いずれの年齢階層でも大幅に増加しています。（「人口動態統計特殊報告　離婚に関する統計」二〇二二年）

他方、現在の日本の特徴は、結婚しないまま中高年を迎える人が増えてきたことです。四〇～四四歳の男性のうち独身者の割合は一九六〇年には二・〇％でしたが、二〇二〇年には三二・二％になりました。五〇～五四歳の男性では、一九六〇年には一・一％が独身であったところ、二〇二〇年には二六・六％となりました。女性に関しても、四〇～四四歳の女性のうち独身者の割合は一九六〇年には三・二％でしたが、二〇二〇年には二一・三％に、五〇～五四歳の女性では、一九六〇年には一・七％が独身であったところ、二〇二〇年には一六・五％となりました。（国立社会保障・人口問題研究所「人口統計資料集（二〇二三）改訂版」）

増える中高年の離婚

日本の離婚に関する最近の大きな特徴としては、婚姻期間が長い夫婦で離婚する人が増えてきました。一九六〇年、一九九〇年、二〇二〇年を比較してみましょう。
正確には、婚姻期間に準ずる同居期間で統計が取られています。同居して一年未満で離婚する件数はほとんど変わりません。それに対して、同居期間が長い、したがって中高年の婚姻期間が長い夫婦の離婚件数の増加が著しいというのが、現在の日本の離婚の特徴です。
同居期間が一年未満の離婚件数は、一万一三四五から一万三〇六六を経て一万九七三へ。これに対して、同居期間が一〇年以上一五年未満の離婚件数は九七四〇から二万一九八八を経て二万五五五七へ。同居期間が二〇年以上二五年未満の離婚件数は三〇三七から一万二八〇一を経て一万七三二一へ。同居期間が三〇年以上の人は一九六〇年の統計がないため一九九〇年と二〇二〇年の数値になります。同居期間が三〇年以上三五年未満の離婚件数は一九六四から五〇三五へ。同居期間が三五年以上の離婚件数は一一八五から六一〇八へと増加しました。（「人口動態統計　確定数　離婚」二〇二〇年）
結婚した人の数と離婚した人の数が少子化の影響を受けていること、結婚の年齢と離婚の年齢との間に差があるので、正確な計算にはなりませんが、二〇二〇年に結婚したカップルは五二万五五〇七、離婚したカップルは一九万三二五二ですから、おおまかに言って二・七組のうち一組が離婚することになります。一九六〇年のこれに該当する数値は、一二・五組のうち一組でした。

離婚する夫婦の割合が大幅に増加しました。今や、離婚は結婚がもたらす通常の帰結の一つと言っていいでしょう。

離婚のうちで未成年の子どもを伴う割合は、二〇二〇年では五七・六％です。過半数を超えています。

以上のことから、今や、離婚についての知識を持った上で結婚するのが望ましいと言うことができます。その際に、子どもを伴った離婚について正確な知識を持った上で結婚をしたほうが望ましい時代に入った、と言っても過言ではありません。

2　離婚には三つの方法がある

家庭裁判所の役割

離婚の方法には、大きく言って、協議離婚、調停離婚、裁判離婚の三種類があります。

協議離婚は夫婦の話し合いによって離婚を決め、離婚届を役所へ提出します。ただこのような簡単な離婚方法が認められているのは、世界的に見ても珍しいことです。それゆえに、この方法を用いるにあたっては注意したほうがいい重要な点があります。

調停離婚は家庭裁判所へ申立を行うものです。家庭裁判所には離婚そのものに限らず、さまざまな申立が可能です。男女の調停委員と裁判官とがチームを組んで**調停委員会**を構成して、夫婦の双方から話を聞いて、両者が納得のいく解決が得られるように援助します。離婚の場合は、他方が話し合いに応じなかったり、合意が成立しなければ申立を取り下げてもらうか、調停は不成立ということで終了します。ただし、ごく少数、**審判離婚**となることがあります。

審判離婚は主要には二つの場合です。一つは調停でほとんど合意ができているのだけれども、非常に細かな点で意見の食い違いがあったりする場合に審判離婚となることがあります。もう一つは、調停で合意は成立したのだけれども、当事者が家庭裁判所にいない場合です。これは新型コロナウィルスの感染拡大によって始まったオンライン会議や電話会議による離婚調停で、合意が成立した場合です。この場合は形式的に審判に回されます。合意した調停条項の文書（調停調書）が両者に郵送され、二週間以内に異議が申し立てられなければ、離婚が成立します。合計四種類の離婚方法があると言うこともできますが、審判離婚は現在のところまだ少数です。

最後の方法として、裁判離婚があります。裁判離婚を行うためには、調停を経る必要があります。調停が不成立だったり、取り下げをしたのちに訴訟を行うことになります。調停は非公開ですが、裁判は公開で行われます。審理の過程で、双方に対する証人尋問が行われたりして、プライベートな世界が公開の場に持ち出されます。多くの場合、弁護士が代理人となって担当しています。依頼された当事者が望む結果を得ようとする弁護士が、傍聴人がいる公開の法廷で、相手の落ち度を突くためにプライベートな内容に切り込んだ質問をしていくことになります。

調停費用は安価

離婚調停の費用は一二〇〇円です。申立人（調停を申し立てたほう）が、申立時に収入印紙で支払います。これに加えて、申立時に、郵便で連絡するための切手を添える必要があります。切手はおおむね一三〇〇円分くらい（申し立てる裁判所によって異なります）。印紙代と切手代を合計すると二五〇〇円程度です。調停が終了した時点で、使わなかった切手は返却されます（もし途中で足りなくなれば、追加していただくことになります）。

細かなことですが、調停が成立した場合、申立人がその条項が書かれた文書（調停調書）を郵送してほしければ、最後にそれを特別送達という方法で郵送するための切手を追加してもらったり、すでに提出した切手から差し引いて、切手を返却することになります。相手方（調停を申し立てられたほう）が、調停調書を希望する場合は、同様の方法で郵送するための切手を買ってきて書記官に渡してもらうことになります。

このように家事調停は非常に安価に利用することができるので、気楽に申し立てられてはいかがでしょうか。

家事調停に弁護士をつける必要はありません。ただ、事前に、市町村が無料で行っている法律相談や、弁護士会が無料で行っている法律相談へ行って相談し、情報を仕入れておくことは非常に有益です。インターネットで検索して得られた情報のみにもとづいて、これで十分な知識を得たと考えてしまうのはやめたほうがいいです。このことは申立人ばかりではなく、相手方についても当てはまります。

なお、弁護士から自分の事件について説明を受けたり、今後の見込みについて聞くなかで、自分のケースは複雑であり、非常に対立が激しくなることが予想され、解決は容易ではなく、自分の手に余ると考えるときは、弁護士に依頼するのがよい場合があります。弁護士を依頼するにあたって、収入が少ないため弁護士費用を捻出できない場合は、法律扶助の制度がありますので、弁護士会や法テラスに問い合わせてください。

調停は、法廷で勝ち負けを決める裁判とは違って、プライバシーが守られた八畳程度の部屋で調停委員と話をして、双方が歩み寄って納得のいく解決をめざすものです。「下駄ばき感覚」と言っても下駄を見かけることがなくなった時代には通じないかもしれませんが、サンダル履きでちょっと近所に出かけるくらいの感覚で、ご利用いただくのがよいと思います。ひょっとして裁判所についていかめしいというイメージをお持ちかもしれませんが、家庭裁判所の家事調停は、頭に「家庭」や「家事」という言葉が付いているように、気さくで身近なものです。

3　面会交流と養育費

離婚をよい結果に導くためには、さまざまなことを準備しておく必要があります。とりわけ二人の間に子どもがいる場合は、そう断言することができます。二〇一一年の民法改正によって、協議離婚の離婚届の用紙に、次のような新しい欄が加わりました。

父母が離婚するときは、面会交流や養育費の分担など子の監護に必要な事項についても父母の協議で定めることとされています。この場合には、子の利益を最も優先して考えなければならないこととされています。

・未成年の子がいる場合は、次の□のあてはまるものに☑のようにしるしをつけてください。

□面会交流について取決めをしている。

□まだ決めていない。

＊面会交流：未成年の子と離れて暮らしている親が子と定期的、継続的に、会って話をしたり、一緒に遊んだり、電話や手紙などの方法で交流すること。

・経済的に自立していない子（未成年の子に限られません）がいる場合は、次の□にあてはまるものに☑のようにしるしをつけてください。
□養育費の分担について取決めをしている。
取決め方法：（□公正証書　□それ以外）
□まだ決めていない。
＊養育費：経済的に自立していない子（例えば、アルバイト等による収入があっても該当する場合があります）の衣食住に必要な経費、教育費、医療費など。
（以下略）

養育費と面会交流を決めなくても離婚はできます。しかし、これからの章でお話しするように、この取り決めを行わないと将来、混乱を招いたり、後悔したり、トラブルに巻き込まれたり、子どもの離婚後の幸福な生活が保障されなくなったりします。

他方、子どもがいなければ、養育費と面会交流は無関係なので、ただ離婚届一枚を提出しさえすれば簡単に離婚でき、その後なんの憂いもないかと言えば、そうではありません。思わぬ落とし穴が待ち構えています。

長年、家庭裁判所で家事調停委員をしていると、アッと驚く、通常では想像もつかないようなケースに出会います。世の中はここまで進んでいるのかと愕然とさせられることもしばしばです。ただ、本書ではそのようなケースをメインにするのではなく、通常の離婚に役に立つケースについて検討することにしたいと思います。そのことによって有益な知識や教訓を得ていただければ、たいへん幸いです。

言うまでもなくここで取り上げるケースは、私が担当したケースそのままではありません。個人情報に十分に配慮して、家庭裁判所の審判や裁判、高等裁判所や最高裁判所などの判決が掲載されている判例データベースや判例集、家事事件や家族法に関する専門雑誌や専門書等に掲載されているケースを参考にしています。それらから情報を得て、ケースの本質をゆがめないように配慮して修正したり、補足したり、合成したりして構成したものです。これらのケースを考察することによって、読者の皆さまがより普遍的で有益な知識や教訓を得ていただければうれしく思います。

4　本書の使い方

年代別に考える（前半）

この本は二部構成になっています。前半（第二章から第五章）は年代別に離婚について考察します。

それぞれの年代の離婚にはどのような特徴が見られるのか、それぞれの年代が離婚にあたって解決すべきテーマとしては何があるのか、代表的なテーマを取り上げて、どのようにしたら離婚が幸福な結果をもたらすのかを検討していきます。

第二章では二〇歳代の離婚にはどのような特徴が見られるのかを、ケースを取り上げて見ていきます。別居や離婚後に、子どもと一緒に住んでいない親が子どもと会うことを「面会交流」と呼んでいますが、二〇歳代の面会交流の特徴などについても考察します。

第三章の三〇歳代の離婚については、離婚にあたって取り組むべき重要な課題として、子どもがいた場合に取り決める必要がある「養育費」の問題について考えます。

第四章の四〇歳代では、「親権」について取り上げます。日本は、先進国のなかでは稀有な「単独親権」制度を取っています。この単独親権によってどのような課題が発生するのか、その課題に離婚する夫婦がどのように取り組み、離婚後の生活が幸せになるように工夫することができるのかを、ケースにもとづいて考察します。

未成年の子どもがいる場合、親権と養育費は避けて通れない最大の課題です。この二つは、三〇歳代、四〇歳代がとくに直面する問題です。二〇歳代でも子どもがいれば同様です。ケースの対象者が属している年代に振り分けましたが、三〇歳代、四〇歳代についてはまとめてお考えいただければ幸いです。

第五章の五〇歳代以上は、いわゆる「熟年離婚」のケースです。二十一世紀に入ってこの言葉は広く流布しました。婚姻期間が長い夫婦の間での離婚が増えています。婚姻期間が二〇年、二五年を過ぎたのち、とりわけ婚姻期間が三〇年、三五年以上になる夫婦の離婚の増加は著しいものがあります。五〇歳代、六〇歳代、七〇歳代のケースをカバーするとともに、夫から離婚の申立が行われる場合と、妻から離婚の申立が行われる場合の違いについても考えてみたいと思います。

図１　離婚（家庭裁判所関係）

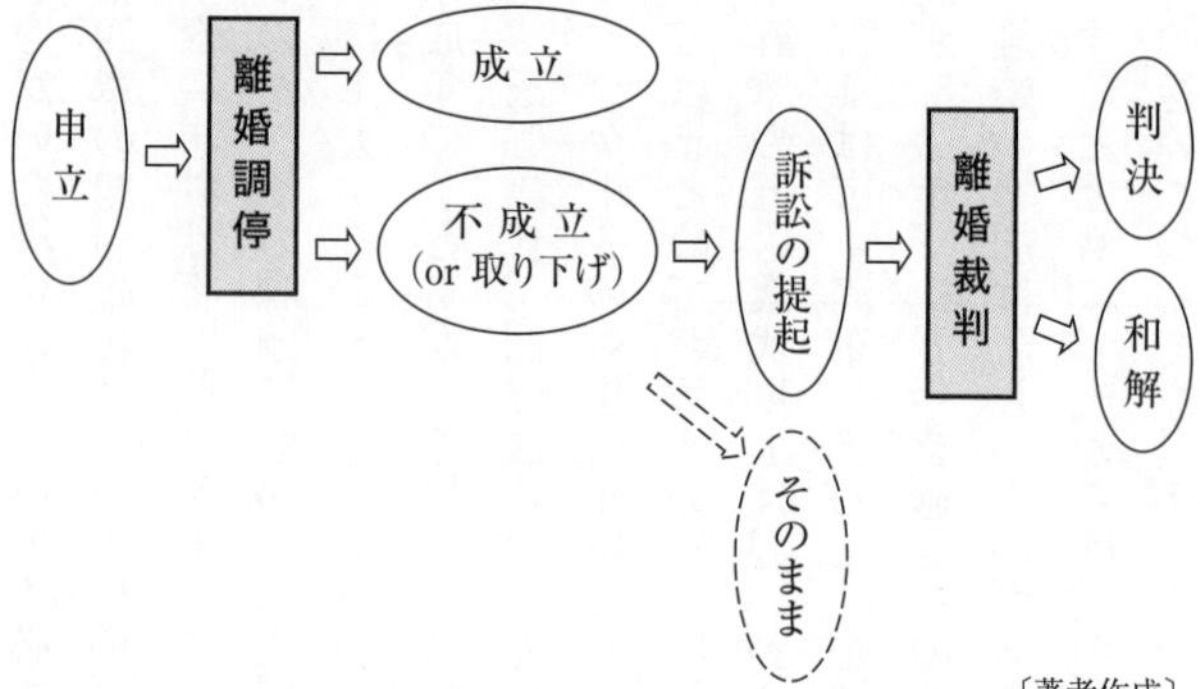

〔著者作成〕

なお、本書で取り上げて考察するケースは、基本的に裁判所に調停が申し立てられたり、審判が行われたり、裁判となった離婚のケースです。調停と審判および離婚裁判の第一審はいずれも家庭裁判所で取り扱われます。

離婚や家族に係わる家事調停は双方の合意があって初めて成立します。合意が得られない場合は不成立となったり、取り下げられたりします。そのため、調停の結果に対して不満を持って、高等裁判所へ抗告するということは基本的には起こりえません。しかし、家庭裁判所裁判官が下した審判の内容に不服があったり、離婚裁判の判決に納得がいかない場合には、高等裁判所へ抗告が行われたり、控訴が行われたりします。高等裁判所の判決や決定に不満があれば、最高裁判所へ上告することも可能です。

協議離婚は、夫婦がまったくの自由意思にもとづいて市町村役場や区役所に離婚届の書類一枚を提出すれば、完了します。したがって、離婚に至る詳しい事情が分かりません。これに対して、裁判所はケースについて詳しく話を聞いたり、調査したりします。調停や審判については非公開ですが、その内容によっては専門雑誌で個人情報への配慮をした上で考察されたり、判例として紹介されたり、判例データベースに掲載されたりします。

家庭裁判所へ申し立てられるケースは、当事者双方が自分たちだけでは解決できなかった場合です。紛争性が高く、それゆえに離婚に関する問題を考察し、解決策を見出し、双方が満足する離婚へと至る方策を見出すためには最適と言うことができます。

テーマ別に問題を解決（後半）

前半の第五章までは年代別に課題を考察したのに対して、後半の第六章以降では離婚に関して重要ポイントとなるテーマ別に考察します。

いずれも興味深いテーマなので、どのように配列するのがいいか迷いました。第六章は後半のイントロダクションとして、不思議な離婚と再婚の世界を取り上げます。おそらく世の中にはこういうこともあるのか、と驚かれると思います。

第七章は、「親権者変更」です。第四章で「親権」を取り上げました。実は話はそこで終わってはいないのです。一般の方にはほとんど知られていないと思いますが、離婚時に決められた親権者はそのときに決定されて、動かしがたいものになるのではありません。その後も変更することができ、実際に変更されることもあるのです。いったいそれはどのような場合で、どのようなケースなのかについて、見ていきましょう。

第八章は、非常に重要なテーマです。離婚して、子どもと一緒に生活することがなくなったほうの親が子どもと会う「面会交流」について考察します。実は、現在の日本では、離婚したのちに、子どもと一緒に暮らすことのなくなった親が子どもと会うことを望んでも、それがなかなか実現しないという実情があります。この状況を改善し、より幸せな離婚を達成する方法について検討します。

さらに面会交流を実施することによって、児童虐待の重大なケースを防げるというメリットがあることについて、裁判の記録にもとづいて考察します。

第九章は「認知」です。女性は親子関係がはっきりしていますが、男性はそうではありません。認知とは男性が自分の子どもだと認めることですが、ここにはさまざまなドラマが生まれる余地があります。認知とは逆のドラマもあります。

最後の第一〇章はローン、すなわち「住宅ローン」についてです。今までの章は、離婚に関係した複雑な人間の心の綾を扱ってきました。ローンは、それに対して物という か、お金の世界の話なので、最後の章に置きました。しかし、この住宅ローンの章は、英語の慣用的な表現を用いれば“last but not least”ということになります。「最後だけれども、他と同じように重要」です。

ローンの問題は、離婚について考え始めたときに、多くの場合見逃されがちです。しかし、住宅ローンの問題は、離婚を決意し、配偶者間で話し合いが進み、最終段階に到達したときに、他の問題は決着がついたのだけれども、この問題だけが解決しなくて、そのために離婚自体が行き詰まってしまうことがしばしば起きるほどです。この重要な問題を解決したケースを見たいと思います。

この本はコンパクトではありますが、多くのケースを取り上げて多角的に考察しています。離婚についてふと頭に浮かんで考え始めたのちは、月日を措《お》いて間歇《かんけつ》的に思いを巡らし、考えを深めていくということになると思います。この本をお手許に置いていただき、ケースを事典的に引いて、離婚を幸せな結果に導くのに必要な事柄を確認し、その解決策を発見するためにご活用ください。

第二章

若い夫婦が離婚するとき

――二〇歳代の離婚

1　若い夫婦と生活苦

一〇歳代で妊娠した妻

最初は二〇歳代のカップルのケースです。

このケースは、これから取り上げるケースの導入となります。したがって、細かな議論をすることは避け、若い男女の結婚の基本条件と、破綻した結婚から新たなステージへの旅立ちについて見ていくことにしたいと思います。

ケース2・1

〈年齢〉夫：二〇歳代前半　妻：二〇歳代前半
〈職業〉夫：派遣社員　妻：主婦（アルバイト）
〈子ども〉長女：二歳

〈背景〉婚姻期間：二年
〈経緯〉妻からの離婚の申立

このケースでは、女性が若い年齢で子どもを出産しています。妊娠したのは妻がまだ一〇歳代のときでした。婚姻届を出したのは出産の二カ月前でした。

二人は結婚して二年数カ月になります。双方の主張としては、妻は、夫が給与を少額しか家に入れないこと、休日に子どもの世話を頼んだら、きちんと世話をしないで子どもが危険な行為をするのを見逃したこと、この二つを主要な理由として、離婚の申立を家庭裁判所にしました。

夫は両方とも事実として認めましたが、それらのために離婚をするとまでは考えていませんでした。妻に渡す生活費が少なかったのは、家族とりわけ子どもの将来のために貯金をしていたためでした。

貯金か生活費か

このケースの特徴は、その職業に示されていると言うことができます。夫は派遣社員で収入が少なく、経済的に豊かではありません。夫はウィークデイ、週末や休日に、派遣された職場以外でも働いています。妻は子どもを出産してから専業主婦として子どもの世話をしていましたが、生活費を捻出するために週末にアルバイトに出るようになりました。

実は、夫が家計に入れるお金が少ないので、生活費を補うために妻はサラ金から借金をしていました。調停が進むうちに、夫は妻が借金をしていることを見つけ出して、金づかいが荒いとか無駄使いするとか、妻の問題点を指摘しました。これに対して、今度は妻が、家計に入れる収入が少ないことについて夫を非難したところ、その理由として、夫は子どもの将来のために貯金を行っていたことが分かりました。しかし、妻は夫に対する見方を改めて、夫婦関係を修復して結婚を維持したいという考えには至りませんでした。

妻は、生活費稼ぎに四苦八苦する生活に嫌気がさしていて、不満が蓄積していたと考えられます。夫が深夜まで不在がちなため、二歳になるまで子どもの世話を二四時間一人でする生活にフラストレーションが鬱積し、もう我慢することができないレベルにまで達していました。

最近は、週末に妻がアルバイトに行くことが多くなり、その時間は夫が子どもの世話をすることになっていました。しかし、あるとき、子どもを見ていた夫がトイレに行った間に、子どもが鋭利な文房具を取り出して危険な行為に及んだことがありました。幸いけがはしなかったのですが、この出来事をきっかけとして妻の夫に対する信頼が崩れてしまいました。

妻は、一時も早く離婚したいという気持ちが強く、最終的に、夫は妻の離婚したいという意向を受け入れ、調停離婚が成立しました。

調停が両者の合意によって成立したときには、**調停調書**が作られます。

そこでは、離婚、親権者、面会交流、養育費などがたとえば次節で示すように条項で定められます。なお、このケースでは申立人とは妻（母）を指し、相手方とは夫（父）を指します。

2 離婚調停で決めること

調停調書の中身

調停離婚で離婚が決まる際の書式の主要部分をお示しします。

一 離婚

中立人と相手方は、本日調停離婚する。

二 親権者

当事者間の長女〇〇〇（〇年〇月〇日生）の親権者を母である申立人と定め、同人において監護養育する。

三 面会交流

申立人は相手方が前記記載の子と月X回程度の面会をすることを認め、その具体的な日時、場所、方法等については、子の福祉に慎重に配慮して、当事者間で協議して定める。

四　養育費

相手方は、申立人に対して、第二項記載の子の養育費として、〇年〇月〇日から同人が満二〇歳に達する日の属する月迄、一か月あたりY万円を毎月末日限り〇〇〇銀行〇〇〇支店の申立人名義の普通預金口座（口座番号〇〇〇）に振り込んで支払う。振込手数料は相手方の負担とする。

五　解決金等

相手方は、申立人に対して、本件離婚に伴う財産分与として、金Z万円の支払い義務があることを認め、これを前項と同じ方法により支払う。振込手数料は相手方の負担とする。

このケースでは、夫婦に分けあうほどの大きな財産はありませんでした。しかし、夫が子どもの将来のためにとコツコツ貯めていた預金がありました。夫は、妻にサラ金からの借金があると分かったことを非常に気にしており、今後の生活でサラ金への支払いのしわ寄せが妻子に行って二人に苦労をかけたくないということで、預金の全額を妻に渡すことにしました。これが「第五項　解決金等」として盛り込まれることになりました。

養育費の支払い期間

なお、読者のなかには条項の文をご覧になって不思議に思った方がおられると思います。自分は、二〇二二年四月から民法が改正されて成人年齢が二〇歳から一八歳へと引き下げられたことを知っている。したがって養育費の支払いは一八歳の誕生日まではないか、という疑問です。同様の質問は当事者からもされます。

しかし、子どもは一八歳になったからと言って、または一八歳になった後にやってくる高等学校を卒業する三月になったからと言って、経済的に直ちに自立できる確率は少ないと考えられます。一八歳に達した人口の半数以上はそれ以上の大学、短大、専門学校等の高等教育機関に進学します。そこで、家庭裁判所は養育費の支払いの終期は一八歳ではなく二〇歳としています。むしろ、子どもの年齢がこのケースのように二歳と幼いのではなく、たとえば高校生でほぼ確実に大学へ進学すると考えられるような場合は「二二歳に達した次に来る三月まで」というように定められることも多くあります。逆に、子どもが高校卒業で就職するような場合は、「一八歳に達した次に来る三月まで」と書くことになります。当初二〇歳と書いていても、実際には一八歳で就職した場合は、その時点で養育費を支払う必要はなくなります。

なお、大学等に進学するしないに関係なく、養育費の項目には「当事者双方は、上記の養育費のほか、子の進学、病気等のため特別の出費を要する場合には、その負担について、別途協議するものとする」という条項がしばしば加えられます。

もう少し説明を加えたいと思います。

離婚にあたっては、基本的に決めなければならないことがあります。大きく言って二つのことです。一つは子どもに関すること。もう一つは財産に関することです。

「親権」については、このケースの場合、子どもが二歳と小さく、今まで実際に妻が主

表　養育費算定表の種類

表1	養育費・子1人表（子0～14歳）
表2	養育費・子1人表（子15歳以上）
表3	養育費・子2人表（第1子及び第2子0～14歳）
表4	養育費・子2人表（第1子15歳以上、第2子0～14歳）
表5	養育費・子2人表（第1子及び第2子15歳以上）
表6	養育費・子3人表（第1子、第2子及び第3子0～14歳）
表7	養育費・子3人表（第1子15歳以上、第2子及び第3子0～14歳）
表8	養育費・子3人表（第1子及び第2子15歳以上、第3子0～14歳）
表9	養育費・子3人表（第1子、第2子及び第3子15歳以上）

〔出典〕最高裁判所HP（https://www.courts.go.jp/toukei_siryou/siryo/H30shihou_houkoku/index.html）にもとづいて筆者作成

要に子どもの世話をしてきたため、妻が取得することになりました。夫が妻に対して支払う養育費は、最高裁判所が作った養育費の算定表に従って月二万円となりました。この算定表は最高裁判所のサイトで公開されていますので、どうぞご自由にアクセスしてみてください。

まず子どもの数と子どもの年齢にもとづいて表を選びます。子どもの年齢が一四歳以下か、一五歳以上かによって、また子どもの人数によって選ぶ表が違ってきます。それぞれの算定表には、子どもと同居していて養育費をもらう側が横軸の権利者、子どもと別居していて養育費を払う側が縦軸の義務者となっています。年収は給与所得者か自営業かによって用いる目盛りが異なってきます。

離婚後、親権を持たず子どもと同居しない父親が子どもと会う面会交流については、その受け入れに母親が消極的でしたが、月に一回程度となりました。

本書で取り上げる最初のケースということで、離婚以前の条件として幸福な結婚生活を続けるためには、経済的に安定した職業で収入が得られる必要があることが確認されたとも言えます。

もし政府が、晩婚化傾向が進むとともに、中高年になっても結婚しない女性や男性の増加によって高まっている未婚率に着目し、未婚率を低下させることによって、出生率を上げたいと考えるのであれば、安心して子育てできるだけの収入が保障された、安定した雇用環境を提供することがまず必要と言えます。しかし、もし政府がそうした施策を推進しないのであれば、自分たちで工夫してなんとか安定した生活を獲得し、サバイバルしていくほかありません。

面会交流を求めない若い父親

多くの男性は離婚後に子どもと面会交流することを求めます。しかし、このケースではありませんが、ごくたまに自分は会いたいとは思わないとか、会う必要はないと言う若い父親がいます。そうした場合、提出されている書類を見たり、その人が語る話を聞いていると、仕事で多忙だからというのではなく、ご自身もシングルマザーで育てられ、おそらく父親と会うことなく――もしかしたら父親の顔を一回も見ることなく――育ってきたと思われる人であったりします。

人間の学習は、意図的学習よりも、無意図的学習による部分が大きいと言われています。自分が生まれ育った環境やそこで行われていることは日常的な自然なこととして――少しだけ、専門的または堅めの言葉を用いることをお許しいただければ、「自明なこと」として――いつの間にか体験され、学習され、習得され、自分のなかに取り込まれます。

女性に関しても、若くして出産し、早い時点で配偶者やパートナーとの離別をした女性の成育環境を見てみると、その母親も同様に、若くして出産し早い時点で配偶者やパートナーとの離別を経験しているというケースにしばしば出会います。

若い女性が離婚後に子どもを連れて母親や実家の援助を受ける場合、非常に若く活発な、しかも子育てにどのように対処したらいいのかを熟知している、頼りがいがあるお祖母《ばあ》さんのサポートが得られる場合があります。相談すれば、即座に実践的な回答や適切なアドバイスが返ってきて、非常に心強く思われる面もあります。公営住宅や児童扶養手当の手配はもとより、生活保護の手配までも手早く行われているケースもあります。

話を提示したケースに戻せば、この夫婦は二人の結婚生活に疲れ果ててしまっていたと思われます。とりわけ経済的に生活を維持するために苦労をして疲弊し、実質的に二人で過ごす時間は夜遅くからの短い時間となり、一方は仕事で、他方は育児で疲れており、二人の間にはとげとげしい言葉しか交わされなくなっていました。二人でいて心が休まることはなくなってしまっていました。次に子どもの危険な行為を防止できなかったため、母親としては、子どもを安心して夫に任せることができないと考えるようになってしまいました。いくら夫が謝罪しても妻は許す気持ちになれないと言います。調停のときも夫の顔を見たくないので、会わないようにしてほしいと配慮を求めるほどです。二人の信頼関係は完全に失われてしまっており、とりわけ妻にとっては修復が不可能な状態に至っていました。このような関係をそのまま継続していくことは双方にとって耐えられず、困難でした。まだ二人とも若いため、現在の婚姻を解消し、それぞれが新しい人生を歩み始めることは好ましい決断と言えるでしょう。

3　再婚すると養育費はどうなる

ケース2・2

〈年齢〉元夫：二〇歳代後半　元妻：二〇歳代前半
〈職業〉元夫：派遣社員　　　元妻：主婦
〈子ども〉長男：一歳
〈背景〉二人は離婚し、その後、両者とも再婚
　なお、右記の子どもの年齢は二人が離婚したときのデータ
〈経緯〉元夫から養育費の減額請求の申立

両親がともに再婚したとき

現在、二人はそれぞれ順調に再婚生活を送っています。

まず初婚についてですが、男性、女性ともに二〇歳代前半に行われました。女性の妊娠が分かったのは二〇歳になるかならないかのときでしたが、女性が出産を望んだことと、女性の家族が二人の生活をサポートすると言ってくれたため、男性は生活力にまだ自信が持てなかったのですが結婚しました。結婚して一カ月後に子どもが生まれ、妻は乳児の世話に専念することを望んでいたため、夫は妻子を養う生活を営みました。

夫は派遣労働で給与は少なく、仕事が残業になったり、会議が夕方から始まり、就業時間後にまで延長して行われても、妻からは赤ん坊の入浴等のために早く帰るように強く求められる職業生活を送っていました。小遣いも月に五〇〇〇円程度で非常に少なく、自分の自由になるお金もなく、同僚との付き合いも断らざるをえない状態で、不満が高まっていきました。

妻のほうは妻で、子育てのために外へは働きに出られず、子どもと付きっ切りで息が詰まるような生活だったと言います。

生活苦と子どもの世話への協力要請から喧嘩が絶えなくなり、双方が結婚の継続は不可能だと考えるようになりました。妻からの提案によって、結婚後約一年で、協議離婚しました。

協議離婚の際には、長男の親権者は母としましたが、養育費の取り決めはしませんでした。

離婚後に元妻から家庭裁判所へ養育費の申立があり、調停の結果、養育費は月額二万五千円と決められ、元夫はその額を毎月元妻の銀行口座に振り込んで払ってきました。

一年半後に元夫は再婚し、やはり人材派遣会社ですが、より条件のいい別の会社に移り、派遣された会社で営業の仕事をしています。

元夫は再婚した新しい妻との間に、半年後に子どもが生まれることとなりました。

それまでは、毎月、長男の養育費を元妻に払ってきましたが、自分たちに子どもが生まれて養育のための出費が生じることから、現在毎月振り込んでいる養育費についてなんとかならないかと考えるようになりました。そこで元妻の情報を集めたところ、元妻は離婚して約一年後に再婚しており、すでに再婚者との間に一女をもうけていました。

しかも再婚時に元夫との間にできた子どもである長男と新しい配偶者の間で養子縁組し

ていることが判明しました。

そこで元夫は、家庭裁判所へ「養育費減額」を求める調停を申し立てたというものです。

この場合、長男については、元妻が新しく結婚した配偶者との間で養子縁組が行われたわけですから、この長男の親権者は元妻とこの配偶者になります。元妻と新たな夫が共同親権を持つことになったわけで、元妻と継父が養育の第一義的な責任者になります。継父の就労と収入も安定しています。こうした場合、日本では、元夫は養育費を払う義務から解放されます。

元妻が再婚し長男の養子縁組をした日から、元夫が養子縁組に気がついて、家庭裁判所へ養育費の減額を申し立て（るとともに、養育費の支払いを自主的に停止し）た日までは、ほんらい支払う必要のない養育費を過剰に支払ったことになりますが、家庭裁判所は、中立を行った日以降は養育費を支払う必要がないという条項で調停を成立させます。

（ただ、筆者の個人的な考えとしては、自分の子どもが、元妻の新しい配偶者との間で養子縁組をしたとしても、子どもとの関係を維持するとともに、たとえ少額であっても養育費を支払って、子どもを部分的にであれ経済的に支えながら成長を見守っていくというのも一つの方法ではないかなと思ったりもします。）

再婚を想定した養育費の取り決め

離婚した当事者の双方が再婚し、それぞれ新婚家庭を築いて生活し、元妻はすでに新しい子どもを出産し、元夫も近いうちに子どもが生まれる予定で、順調な経過を辿っています。

このケースから得られる教訓としては、養育費の支払い義務を負っている者は、子どもを養育している親権者が再婚し、新たな配偶者と子どもとの間で養子縁組が行われた場合には、もはや養育費を支払う義務がなくなるということを知っておくことです。

実は、この元妻は、養子縁組をしたら、元夫は養育費の支払いをしなくてもよくなるということを知りませんでした。その意味で、子どもの親権を取得する側も、このことを知っておく必要があります。

また、離婚にあたって養育費の支払いについて取り決める場合には、（元）夫婦はもし再婚した場合には互いに相手に知らせ合うという約束を交わしたり、そのことを調停調書に条項として入れておくのが有益だと思います。なお、これは家庭裁判所で離婚の際に用いられる定型の条項の文面には含まれていません。そのため、自分から希望して入れてもらうようにする必要があります。このこともまた、夫婦が離婚後にそれぞれ新しい人生を充実して送っていくための一つの方策だと言っていいでしょう。

以上二ケースからは重要な示唆や教訓、新たな発見や情報を獲得していただけたのではないかと思います。

筆者の経験では、二〇歳代前半の女性が離婚する場合、面会交流に消極的な特徴が見られるように思われます。このことについて、具体的にケースを取り上げて見ておきたいと思います。

4　若い女性にとっての面会交流

ケース2・3

〈年齢〉元夫：二〇歳代前半　元妻：二〇歳代前半
〈職業〉元夫：自営業　　　　元妻：アルバイト
〈子ども〉長男：一歳
〈経緯〉元妻からの養育費の申立
　それに対し、元夫からの面会交流の申立

養育費の申立

子どもの出産は女性が二〇歳になった直後でした。その後半年足らずで二人は協議離婚しました。

離婚についての話し合いで、女性は、もう自分と子どもにはかかわらないでほしいと夫に要求しました。これに対して、夫は子どもに会わせないなら養育費は払わないと答え、それに対して、そういうことならばそれでいいと女性が返答しました。両親を交えての話し合いも行われましたが、結局この条件で合意が成立し、離婚届が出されました。離婚して約半年が過ぎたところで、女性がやはり養育費をもらって生活を安定させたいと考えるようになったことから、養育費の申立が家庭裁判所になされました。

養育費は月二万円で成立しました。男性は離婚時の合意へのこだわりがあり、養育費の申立から成立まで六カ月を要しました。養育費の支払いは申立時からになるので、月二万円×六カ月＝一二万円が未払いとなります。それを分割し、月五〇〇〇円ずつプラスして二年かけて払うことになりました。

養育費について話し合いが行われる途中で、男性のほうからは面会交流の申立がなされました。子どもはまだ一歳そこそこのため、男性一人に任せるのは不安だということになりました。男性の側からは男性の家族の女性メンバーを同席させる案が示されました。しかし、女性の側から難色が示され、結局女性本人が同席することとなり、二カ月に一回、短時間行われることとなりました。

面会交流に消極的な母親

若い女性の面会交流に対する抵抗感を示すエピソードとしては、子どもの親権を取得し、子どもを監護している母親から、面会交流をさせないという申立がなされることがあります。面会交流のオーソドックスな申立は、子どもと同居していない親からの、子どもと定期的に会わせてほしいという申立です。これに対して、面会交流をさせないという申立は、裁判所としても、まったく想定外というか、はたしてそもそものような申立が可能なのか、そのような申立を受理していいのかということが議論になるような、想定外のケースと言ってもいいと思われます。

面会交流は、二〇一一年の民法改正によって、第七六六条として条文に盛り込まれ、二〇一二年四月一日に施行されました。その内容は以下のとおりです。この改正は、子どもと同居していない父または母と子どもとの面会交流を子どもの利益になると考え、それを促進する意図をもって設けられたものです。

第七六六条

1　父母が協議上の離婚をするときは、子の監護をすべき者、父又は母と子との面会及びその他の交流、子の監護に要する費用の分担その他の子の監護について必要な事項は、その協議で定める。この場合においては、子の利益を最も優先して考慮しなければならない。

2　前項の協議が調わないとき、又は協議をすることができないときは、家庭裁判所が、同項の事項を定める。

離婚にあたって親権を取得した若い女性が面会交流に消極的な理由としては、第一に、ドメスティックバイオレンスの被害にあっている場合があります。第二に、年長者と比較して人生経験がまだ豊かではないため、離婚後に元夫を受け入れるだけの精神的余裕がない場合もあります。

第三に、若い女性にはすでに新しい恋人ができていて、それが実は二人にとって身近な人物——すなわち夫の友人や二人の共通の知り合い——であったりする場合があります。そのような関係を（元）夫に知られたくなかったり、（元）夫が子どもと面会交流すると女性の新しいパートナーとの関係が悪化し居心地が悪くなると懸念することがあるようです。第四としては、なによりも若い女性は未来志向的で、過去に拘束されないで、新しい人生に踏み出そう――別言すれば、新しいパートナーを見つけて人生をやり直そう――という気持ちや意欲が強いためではないかと推測されます。

養育費については、次の章で取り上げます。面会交流については、後半の第八章で取り上げますが、「養育費」についても「面会交流」についても、ぜひとも子どもの利益を優先して、上手に解決していただきたいと思います。

第三章

子どもに対する親の責任

——三〇歳代の離婚

1　養育費を確実に得るために

協議離婚の問題点

離婚は、初婚者同士の間で起きるとは限りません。どちらか一方が再婚者であったり、あるいは両方が再婚者であった場合にも起こります。

その場合、初婚者同士の離婚とは異なる条件がどのように加わるのでしょうか。最初の章で述べたように、日本の離婚には三つの方法があります。協議離婚、調停離婚、裁判離婚です。多くの人は協議離婚によって離婚します。ただし、制度があるからといって、その制度に問題がないとは限りません。

ここでは一方が再婚者の離婚のケースを取り上げることによって、協議離婚の持つ問題点を浮き彫りにして、その欠点をどのように避けて幸福な離婚を実現したらいいのかを考えてみたいと思います。つまり、初婚者同士の離婚の場合に役立つ重要な教訓を、再婚者の離婚を考察することによって浮き彫りにしてお伝えしたいと考えています。

結論を先に言うならば、離婚時に子どもがいる場合、子どもと同居していない親にも子どもに対する責任の一端を果たさせたければ、協議離婚という方法で離婚することは好ましいとは言えないということです。子どもがいるいないにかかわらず、世界中を見ても、離婚にあたって、当事者だけの合意で、形式的に証人の署名を獲得して、その書類を役所に提出すればいいという離婚制度は非常に稀です。

日本の協議離婚と似た名称の制度を持っている国はあります。しかし、それらの国では、離婚に関しては裁判所で扱われたり、申し立てた後に熟考期間が科せられていたり、離婚に関する研修会への出席が必要だったりします。日本の協議離婚は重大な問題を抱えているように思われます。次のケースは非常にシンプルに見えますが、このケースを手掛かりに、より多くの人が利用可能な知識を提供したいと考えます。

ケース３・１

〈年齢〉夫：三〇歳代前半　妻：二〇歳代後半
〈職業〉夫：会社員　妻：主婦

〈子ども〉一人：一歳
〈背景〉婚姻期間：二年
　　　夫には前妻との間に子どもが一人いる
〈経緯〉妻からの離婚の申立

　この調停では、親権者を母とし、養育費は月三万円を子どもが二〇歳になるまで支払う、面会交流は月一回程度行うという合意が得られました。裁判所のほぼ定型的な調停条項の書式に書かれて、離婚が成立しました。

　一見したところ、非常にシンプルです。このケースが考察に値するのは、妻が離婚を協議離婚ではなく、調停離婚にしようと家庭裁判所へ申し立てた理由です。それは、夫には過去に離婚歴があり、以前に結婚していた女性との間に子どもがありながら養育費を払っていないことを知っていたからです。

　夫には四年前に離婚した前妻との間に現在五歳になる子どもが一人います。しかし現在の妻と結婚しているとき、夫は前妻との子どもに養育費をまったく払っていませんでした。このことから、自分が離婚するにあたっては、子どもの成長過程に応じて養育費を払ってもらいたいと考えたのです。家庭裁判所で調停離婚し調停条項に盛り込まれれば、**もし相手が養育費を払わないときには、強制執行の手続を取ることができます。**

養育費の督促

家庭裁判所の調停で決まった養育費が払われなくなった場合、家庭裁判所へ申立をすると、家庭裁判所が養育費を支払っていない親に督促をします。一般的には一回目に**履行勧告**を、二回目に**履行命令**を出します。しかし、それでも払われない場合は、地方裁判所に申し立て、**債権差押の令状**を発行してもらうことができます。相手がサラリーマンであれば、未払いとなって溜まっている養育費に加えて、現在および将来支払われるべき養育費を受け取ることができます。未払いの養育費は溜まっていて、たいてい月給を超えており、一度に払えないことが多いので、分割して支払うことになります。現在の養育費と分割した未払いの養育費の合計額が、給料の二分の一を超えない範囲内で、会社が元夫に支払う給料から強制的に差し引いて、毎月、母親に送金することになります。

このように養育費の滞納に対しては勤務会社に連絡する必要がありますが、連絡さえすれば、未払い分の支払いが完了したのちも、今後の養育費を、引き続き元夫の給与から差し引いて親権者である母親に送金させることができます。したがってこれ以降、親権者となっている母親は、一定の額の養育費を、元夫がその会社に勤務している限り確実に入手することができます。もし転職して養育費の支払いが滞った場合には、その新しく勤務している会社に連絡して、同様に給与を差し押さえて、滞納額を強制的に取り立てることができます。

さらに、家庭裁判所の調停調書には、この養育費の額の取り決めとともに「当事者双方は、上記の養育費のほか、子の進学、病気等のため特別の出費を要する場合には、その負担について、別途協議するものとする」という条項もしばしばつきます。したがって、たとえば幼稚園、小学校、中学校、高等学校、大学、短大、専門学校などへ進学する際には、その進学時にかかる費用について、元夫に話し合いに応じるように求め、負担を求めることができます。高校の授業料の無償化や学費の公的支援が進められているとはいえ、大学、短大、専門学校などへの進学にあたっての入学試験、入学金や授業料の出費は多額になります。子どもが大学等の高等教育機関へ進学するにあたって、自宅通学ではなく、遠方の大学等へ進学する場合は、アパートやマンションの契約や家賃などの経費もかかり、教育に関連した高額の出費が必要になりますが、その分担を求めることができます。

また、国民健康保険制度が整っており、子どもの医療の無料化が進んでいる日本では、外国とは異なってそれほど多額になるとは思われませんが、子どもが病気になったりけがをしたりして特別な出費が必要になった場合には、子どもと一緒に暮らしておらず日常的に子どもの世話をしていない親——これは家族法では「非監護親」と呼ばれます——に対して、その分担を求めることができます。このケースでは、この女性は、ひょっとして自分が結婚している間は、夫が前妻との間にできた子どもに養育費を払っていないことの恩恵に浴していたと言えるのかもしれません。しかし、自分がそうした立場に置かれて犠牲にならないように工夫したと言うこともできます。

養育費は子どもに支払うもの

二〇二二年四月の改正民法の施行によって、民法上の成人年齢は従来の二〇歳から一八歳に変更されました。しかし、家庭裁判所では、子どもに対する養育の経済的な責務を一八歳を超えたのちも認めています。少なくとも二〇歳、大学等に進学したときには二二歳になった次に来る三月まで行うと条項に記されます。

実は、養育費は育てる親にではなく、子どもに支払われるものなのです。子どもの権利であり、子どもの成長を保障するためのものです。このことを確認するために、非監護親が養育費を支払うにあたっては監護親の銀行口座ではなく、子どもの銀行口座を指定する場合もあります。子どもの成長に対する責任は、たとえ一緒に住んでいなくても、子どもが成人になるまで、さらに子どもが教育課程にあり、通常の親が子どもを経済的に援助することが期待されている期間は続くのです。

二〇一一年の民法改正を受けて、翌年、離婚届の用紙には、第一章でも紹介した文とその解答欄が設けられ、注意を促すことになりました。念のためここでもその一部分を引用しておきたいと思います。

父母が離婚するときは、面会交流や養育費の分担など子の監護に必要な事項についても父母の協議で定めることとされています。この場合には、子の利益を最も優先して考えなければならないこととされています。

しかし、養育費や面会交流について取り決めなければ離婚できないというわけではありません。そのため、単に、養育費や面会交流について取り決めをするのが望ましい、という情報提供に留まっているかもしれません。おそらくそれ以上の効果はもたらさないのではないかと懸念されます。

母子世帯で養育費の取り決めをしている人は二〇一六年の調査では四二・九%であり、現在も養育費を受けている人は二四・三%です。離婚した子どものいる女性のうちで、養育費の取り決めのある人は半数以下であり、その約半数は途中で養育費が払われなくなっており、養育費を受け取っているのは母子家庭のうちの四分の一以下です。(「平成二八年度全国ひとり親世帯等調査結果報告」)

家庭裁判所の調停離婚では、必ず養育費について決められ、もし途中で支払われなかった場合は債権差押の強制執行が可能で、給与から天引きして継続的に受け取ることができます。この意味で、家庭裁判所の**調停離婚は、子どもの成長に対する経済的保障を確保する手段として重要な役割を果たす**ことは確実です。

今までの章で述べて来たことや右のケースからもお分かりいただけると思いますが、離婚した場合、親権を取得せず、子どもを監護していない親は、親権を取得して子どもを養育している親に対して養育費を払う必要があります。

しかし、親権を取得した親が再婚し、再婚相手と子どもとの間で養子縁組が行われた場合、継父と実母、または実父と継母が共同親権者となり、第一に子どもを扶養する義務が生じます。この新たな親子関係のもとで子どもが経済的に安定して扶養されるのであれば、親権を取得せず、それまで養育費を払っていた親はもはや養育費を払う必要はありません。日本の単独親権制度のもとでは、親権を取得するのは圧倒的多数が母親となっていますので、母親が再婚し新しい夫と子どもとの間に養子縁組が行われたならば、親権を持たずそれまで養育費を払ってきた実父は養育費を免除されます。


養育費の支払いを免れた父親は、経済的負担がなくなり安堵するかもしれません。しかし、今まで面会交流を続けていた親の場合は、子どもとの絆を絶たれてしまうのではないかという危機感となって現れます。

以下では、そうしたケースについて、面会交流について確認しながら見ていくことにしたいと思います。

2　恐怖する父親（単独親権の陥穽《かんせい》）

非監護親と子どもの運命

幸福な離婚とは、離婚する時点だけの問題ではありません。離婚後に、元の家族のメンバーが幸せな生活を送ることができて、初めて幸福な離婚が実現したと言うことができます。とりわけ、自己の意思とは関係なく、自己の希望とも無関係に離婚に巻き込まれる子どもがその後の生活において幸せであってこそ、幸福な離婚であったと言うことができます。

わが国は世界の先進国のなかで、非常に珍しい単独親権制度を取っています。この単独親権制度のもとで、離婚した非監護親である父親と子どもはどのような動きをするでしょうか。どのような運命に直面するでしょうか。

ここではあまり知られていない、予想を覆す子どもの動きと、自分では制御できない運命に翻弄される、親権を取得できなかった親の姿と心の動きに着目したいと思います。

わが国の離婚では、先に述べたように、ほとんどの場合、母親が単独親権を取ります。母親が親権者となった多くの場合、それは子どもと一緒に住み、いわゆる監護権も持つことを意味します。子どもと一緒に暮らし、日常の世話をします。シングルマザーで暮らすこともあれば、再婚することもあります。従来、離婚したのち、女性には再婚禁止期間が設けられていました。二〇一五年の最高裁判決によって六カ月となっていた再婚禁止期間が憲法違反とされました。それを受けて二〇一六年に法改正がなされ一〇〇日までに短縮されました。二〇二二年、国会で改正民法が成立し、二〇二四年四月の施行後は離婚後、直ちに再婚することが可能となります。

家庭裁判所には面会交流の申立がなされます。申し立てるのは圧倒的に父親です。この父親の要望に対して、子どもと同居している監護親から寄せられる最も多い回答は、子どもが父親と会うことを望んでいないというものです。子どもが望むようになったら会わせるという回答が付けられてくることもあります。

面会交流を成功させる最も重要なポイントは、たとえ激しい対立の末に離婚していようが、互いに元夫のまたは元妻の悪口は言わないことです。けっして子どもに対しても、子どもがいる前では大人同士であっても言わないことです。これは守る必要がある最低限のルールと言うことができます。さらに、人の気持ちは言葉で表現されるばかりではなく、動作で表現されます。表現しているつもりはなくても、漏れ伝わってしまいます。それを敏感に察知した子どもは、同居している親の意向を先取りして、同居親の意を汲み取って返事をしたり、態度を表明します。また母親が、自分の親の援助を受けている場合、子どもにとって言えば祖父母が、娘の元夫、すなわち子どもの父親を悪く言う場合があります。これも子どもに同様の影響を与えてしまいます。

上司の顔色を窺い忖度する公務員の部下どころではありません。勤務時間だけおつきあいすればいい労働環境とは異なり、学校等へ行っている時間を除いて二四時間生活環境をともにする世界です。一日中拘束されるわけではない職場でさえも、上司の意向を忖度することが行われます。生活全般にわたってさまざまに決定権や認可権を持っており、進学をはじめとして将来の運命をも最終的に左右する、同居している親権者の意向は絶大です。その意向に沿う行動を子どもが「自主的に」とったとしてもなんら不思議ではありません。とりわけ監護している親権者が一人であれば、そこに意見の多様性はなく、一つの意向だけが絶対的です。一緒に生活する限り子どもには逃げ場はなく、監護者兼親権者に同調するほかありません。

子どもが一五歳未満のとき、単独親権者は実質的にその子どもの運命に対して絶対的な権限を握っています。そして、子どもの「親」の選任権を持っています。親権者が母親であれば、子どもに父親を与える権限が、親権者が父親であれば、子どもに母親を与える権限があります。一方、児童の権利条約によって、子どもにも**意見表明権**があることが明示されています。日本の国内法もそれに準拠して、養子縁組をするにあたっては、子どもが一五歳以上であれば、子どもの合意が必要という規定を設けました。

ケース3・2

〈年齢〉父親：三〇歳代後半　母親：三〇歳代後半
〈職業〉父親：会社員　　　母親：パートタイム
〈子ども〉長男：一一歳　長女：一〇歳　次女：八歳
〈背景〉親権は母親が獲得して離婚
　父親と次女とのみ面会交流が継続

〈経緯〉父親からの三人の子どもとの面会交流の中立

面会交流が行われないとき

夫婦は三年前に協議離婚しました。その際に話し合った結果、子どもの親権、養育費、面会交流などを取り決め、公証人役場へ行って、公正証書を作成しました。公正証書に、三人の子どもの親権者を母親と定めるとともに、父親は、三人の子どもがそれぞれ二〇歳に達するまで、月二万五千円を支払うことが記されました。

面会交流については、三人の子どもと月に二回面会交流するという取り決めが書き込まれました。養育費の支払いは履行されています。しかし、面会交流は、一番下の子どもである次女との面会のみが月に一回実現しているに留まっています。

この次女から母親が近いうちに再婚するらしいと聞かされて、父親は自分と子どもたちとの交流が途絶えてしまうのではないかと不安になり、子ども全員との面会交流を家庭裁判所へ申し立てました。

面会交流が決められたとおりに行われていない父親は、元妻が再婚することによって、養育費が減額されるかもしれない、養育費をまったく払わなくてすむようになるかもしれないということよりも、自分と子どもたちとの関係が断絶してしまうのではないかということのほうが気になってなりません。とりわけ再婚相手と子どもたちとの間に養子縁組がされて、まったく会えなくなってしまうのではないかと疑心暗鬼になっています。

このように面会交流が申し立てられて、離婚時に公正証書や調停調書で約束がなされているにもかかわらず、それが実現していないという場合、裁判官は家庭裁判所調査官に調査を命じることがあります。家庭裁判所調査官は、離婚等に関する家事事件の場合、子どもの心理の専門家として紹介され、当事者から関与の了解を得ることになります。

家裁調査官の関与

今回のケースについて心理学的に考察すると、もし父親に問題があるのであれば、兄弟姉妹のなかで、情緒に最も敏感に反応し、最も自分の欲求をストレートに表現するであろう最年少の子どもが、父親とは会いたくないと言って、面会を拒否すると想定されます。しかし、このケースはそうなってはいません。末子は好んで父親と会っています。そのため裁判官は、他の二人の子どもたちが父親と面会交流することについて、ほんとうはどのように思っているのかを把握する必要があると考えました。すなわち、裁判官はこのケースに家庭裁判所調査官を関与させることにしました。

監護親である母親は弁護士を代理人に任命し、調停になかなか出てきません。代理人によれば、母親は、確かに再婚予定であるが、子どもたちに会いたいという気持ちがあれば会わせたいと考えている、しかし子どもたちが会いたがらないのだからその意思を尊重している、と述べているとのことです。ただ実際には、弁護士は母親を代理して、むしろ子どもと父親が面会するのを制限しようという意向で動いているように思われます。というのは、弁護士は、再婚が予定されていることから、面会交流の取り決めをやり直し、父親と子どもとの面会回数を減らすことを求めているからです。

末子の次女とは宿泊付きの面会交流が可能となっており、長女とも電話連絡や誕生日プレゼントを渡すことは可能となっています。ただ、長男は父親とコンタクトを取ることを拒否しています。家庭裁判所としては、監護親に再婚が控えていると考えられることから慎重な姿勢を取りつつも、すでに父親と母親の両者によって公正証書での取り決めがあることから、具体的な日時場所方法等については子どもの意思を尊重し、福祉を重んじて誠実に実行することが望ましいと考えています。

調停委員からも、父親に、子どもから相手の家庭の状況について情報を聞き出そうとはしないこと、子どもたちを板挟みになるようなつらい立場に置かないようにすること、などの注意と指導が行われました。

　調停では、当事者に順次交代で調停室に入ってもらい、話を聞いて、調整を進めていきます。家庭裁判所調査官は調停ではほとんど発言をしません。調停はあくまでも当事者と調停委員が話をすることによって進行していきます。家庭裁判所調査官は、参加した調停や調査の報告書を裁判官に提出しますので、その内容は調停委員にとっても大いに参考になります。

　このケースでは、父親が直ちに長男と直接会って面会交流を行おうとするのではなく、まず長男へ手紙などを書いて、間接的な面会交流を促す働きかけを行うことが勧められます。この父親の働きかけに対して長男がどのように反応するのかを見るなどして、長男と父親との関係および長男の面会交流についての態度を知る手掛かりを得ていくことになります。

　その上で、今後、家庭裁判所調査官による、子どもの**意向調査**が行われることになります。離婚にあたって、親権について両親が激しく争っている場合には、裁判官の命を受けて家庭裁判所調査官は、どちらの親が親権を持つのが好ましいのかを決定するための調査を行います。家庭訪問をして現在同居している親と子どもの生活環境を調査するとともに、子どもと同居していない親と子どもが一緒に暮らすことになった場合の生活環境を調査して、関係者からも聞き取りを行います。さらに、子どもに対して、いったいどちらの親と一緒に暮らしたいと思っているのかを婉曲的な質問あるいは行動の観察などの方法によって確認します。今回の意向調査は、離婚にあたって親権者を決める際に行われるような大掛かりなものではありませんが、長男の父親との面会交流についての真意を知るための調査へと進むことになります。

3　思いがけない養育費の請求

ケース3・3
〈年齢〉元妻（母親）：三〇歳代後半
〈職業〉元妻（母親）：派遣社員

〈子ども〉長女：九歳　長男：四歳
〈背景〉再婚していた元妻（母親）が離婚
〈経緯〉元妻から長女の養育費を実父へ請求する申立

二度目の離婚をした母親

母親は、一〇年前に結婚し女子をもうけましたが、六年前に離婚しました。やがて再婚して男子をもうけ、数カ月前に離婚しました。離婚にあたって母親は、離婚相手の男性からは第二子の男子の養育費を受け取ることになりました。第一子の長女の養育費をかつての夫である実父に請求する申立を行いました。

これまでの章で、親は離婚したのちも、たとえ親権者にならなくても、子どもの福祉に対する責任を負っており、子どもが生活していくための費用の一端を分担する必要があることを確認しました。ただ、その養育費を払わなくてもよくなることがあります。

それは、親権を取得した親が再婚し、新しい配偶者と子どもとの間に養子縁組が行われたときです。養子縁組が行われれば、新しい配偶者と子どもとの間に法律的な親子関係が成立しますから、新しい配偶者は、その子どもに対して親権を持っている配偶者と同様に親権者となります。その子どもに対する扶養の義務は、親権を取得した継父（養父）または継母（養母）も負うことになります。そうなった場合、今まで元の配偶者が払っていた養育費は、それ以上払い続ける必要はなくなります。

日本では離婚にあたっては単独親権ですので、親権者となった一方の親が子どもに関するさまざまなことを決定する全責任を持つようになります。もう一方の親は、養育費をきちんと払うとともに子どもにも関心を持ち——諸外国と比べるとその頻度ははるかに少ないですが——子どもたちと継続的にコンタクトを取って会っている人もいます。しかし多くの場合は、養育費を払いながらも子どもに会えなかったり、最初養育費を払いながら次第に減っていき払わなくなったり、最初から養育費を払わなかったりして、離婚後、親権を持たなかった子どもとの関係が時とともに疎遠になり、やがて子どもが実際に親権者とともにどのような生活を送っているのかさえも分からなくなってしまうことが起きています。

それを防ぐための一つの方法は、離婚時の家庭裁判所で作成する調停調書に、**再婚した場合には互いに知らせ合う**という一項を盛り込むことです。これがどのような効果を及ぼすかと言えば、子どもが新しい家庭で親権者の配偶者との間で養子縁組を行うかもしれないという予告になります。養育費を払っている親としては有益な情報の一つです。やがて養育費の支払いを免除されることもあります。現在の日本の離婚制度のもとでは、母親が親権者となることが圧倒的に多いため、以前の妻が再婚して子どもが新たな家庭で暮らしていることを知らない父親は数多くいます。したがって、新しい父親と養子縁組をしたことを知らない父親も数多くいます。

そもそも、単に母親が再婚して子どもが新しい父親と暮らしているということと、二人の間に養子縁組が行われたということの違いを認識していない人々のほうが多いのかもしれません。

養子縁組が行われれば、法律的に正式の親子になります。したがって、たとえば財産の**相続権**が発生します。単に配偶者の子どもとして生活しているというだけでは、相続権は発生しないので注意が必要です。

なお、これから申し上げることは多くの方がご存じないと思いますので、ここで説明を付け加えますが、養子縁組によって継父との間に相続権が確立します。しかし、自分の**実父との間の相続権はそのまま維持されます**。継父と実父の両方から遺産を相続する権利が発生します。このようにたとえ母の新しい夫と養子縁組をしても、実父との交流が途絶えてしまっていても、実父との関係は切れてはいないのです。

再び養育費支払いの義務が

さて、話をもとに戻せば、右のケースはいったい何を意味するのでしょうか。それは、再婚していた元配偶者が離婚し、その夫が離婚にあたって子どもとの間の養子縁組を解消した、すなわち「離縁」したということです。言うまでもなく新たな家庭で新たな子どもが生まれていた場合、その父親がその子どもに対する養育費を払う必要があります。しかし、離縁された子どもについては、元々の父親にその子どもに対する扶養の義務が戻ってきます。

実際に起きるのは、次の二つのうちのどちらかではないでしょうか。その第一は、離婚後しばらくして、養育費が支払われなくなった場合です。支払いが止まったのに、元妻からは何も言ってこなかったのでそのままになってしまっていました。養育費のことはすっかり忘れてしまっていたところ、ある日突然養育費を払ってほしいという連絡が来ました。

養育費の支払いをやめた理由としては、風の便りでどうもしばらくして元妻が再婚したらしいという噂が耳に入ってきたため、というような場合もあるかもしれません。

第二はまったく逆の場合です。元妻が再婚したことも、その配偶者が子どもと養子縁組をしたことも知らず、養育費を払い続け、子どもの家族環境の変化にまったく気づかないという場合です。これは、自分の子どもが養子縁組されていようが、離縁されていようが、環境の変化を何も知らないままに養育費の支払いを続けているということです。

このケースは、第一の場合に該当しました。なんとなく再婚したらしいという噂が伝わってきて、支払いをやめることにして、そのまま今日まで来てしまっていたというものです。

家裁からの呼び出し

すでに男性は再婚しており、子どもが二人います。二人の子どもにかかる教育費などの出費も生活を圧迫しており、余裕はありません。また、何よりも現在の家庭について、元妻に知られたり、かき回されたりしたくないという気持ちが先に立っています。自分たちの家庭生活のこともあってどのように返答していいのか思い迷っているうちに、家庭裁判所から書類が送られてきました。元夫が養育費の支払いに応じないということで、家元妻が家庭裁判所に養育費の支払いを申し立てたためです。家庭裁判所は日程調整を行い、当該の元夫に呼び出し状を発送し、初回の期日を連絡してきました。

もし家庭裁判所が呼び出し、家庭裁判所調査官が出頭勧告の連絡をしても、家庭裁判所に出頭しなければ、家庭裁判所は申立人の協力を得たり、調査嘱託を請けたり、その他の方法を用いて、相手方の元配偶者である父親の生活環境や収入を捕捉します。

養育費や婚姻費用は放置しておくことはできない案件なので、話し合いができないからといって不成立で終了してしまうことはありません。調停での話し合いに応じなければ、調停から審判へ移行し、収集した資料、情報にもとづいて養育費として支払われるべき金額を決定します。

ただその際には、相手方の父親の現在の状況も配慮されます。たとえば、男性も離婚後新たな家庭を築いており、そこで子どもたちを育てている可能性は十分にあります。その場合、現在の家族の生活が維持されることを盛り込んだ金額が提案されます。合理的と考えられる金額の枠内で合意が得られなかったり、もし不出頭が続いて調停が成立しなければ、先に述べたように裁判官が家事審判で決定します。もしその決定内容に不服があれば、高等裁判所へ抗告することになります。

いずれにしてもいったん子どもをもうけた以上、その子どもが就職したり、成人したり、大学等の学校教育を終えたりするまでは、その養育をとりわけ経済的に支えるという義務が発生したのだと認識する必要があると考えられます。ただし、現在のように、親権を持たない親に、自分の子どもの成長を見守ったり、導いたりする機会を与えないばかりか、子どもに会わせることさえもしないで、お金だけを出させようとする制度にも問題があります。

ただ、どのような制度にも欠陥があり、それを補って私たちは自らの幸福の追求と実現を図っていくほかはないと思われます。現在の家族法は過渡期にあります。国民の生活の現状に合致しているとは思われません。家庭裁判所の家事部は、親の純朴な願いを抑圧する機関に堕《だ》してしまっている側面がなくはありません。

法律はいつも現実を後追いしていきます。家族法の分野ではとりわけこのことが該当します。したがって家族法が過渡期なのは現在ばかりではありません。実は永遠に過渡的な状態なのです。その意味で、私たちは法律の改正を要望したり、改善を要求したりするとともに、常に工夫して幸福な結婚、離婚、家族生活、人生を自ら実現していくことを求められていると言ってよいでしょう。

一五年以上の断絶のあとで

〈ケース3・3〉と類似している別の例としては、一五年以上にわたってまったく音沙汰がなかった元妻から突然、養育費の申立をされたというケースもあります。

元妻は再婚相手と離婚し、当該の子どもと継父との養子縁組が解消されました。養育費を突然家庭裁判所へ申し立てられた元夫は、現在の妻との間に複数の子どもがありその教育費の出費もかなりの額になっていました。ただ、元妻との間の子どもが来年大学に進学予定だが、その費用の捻出に困っていると聞き、できる限りの援助をしたいという意向が示されました。

双方から収入資料を提出してもらった上で、養育費の額が決まり、支払いが再開されることになりました。また、子どもからの希望があれば会ってもよいという元夫の意向も示されたため、当事者同士で話し合ってもらうことになりました。はたして一五年以上にわたって子どもと父親は断絶する必要があったのでしょうか。大人の都合で、突然、簡単に父親（あるいはもう片方の親）がすげ替えられてしまうというのは、はたして好ましいことでしょうか。離婚時にもっと子どもが幸せになる方法があったように思われます。

4　届かぬ知らせ

ケース3・4

〈年齢〉元夫（父親）：三〇歳代後半　元妻（母親）：三〇歳代後半
〈職業〉元夫（父親）：会社員　元妻（母親）：主婦
〈子ども〉元夫と元妻の子ども＝長男：一四歳　長女：七歳
〈背景〉元夫と元妻は三年前に、子どもの親権者を母として離婚
元夫は二年前に別の女性と再婚
元妻は一年前に別の男性と再婚
〈経緯〉元夫から養育費の減額の申立

子どもたちの予期せぬ動き

夫婦は一五年以上におよぶ結婚生活を続けていましたが、三年前に家庭裁判所の審判で離婚しました。その際二人いた子どもの親権者は妻と定められました。離婚して一年後に夫は再婚しました。妻も二年後に再婚しました。妻の再婚相手も再婚で、前妻との間に子どもが一人いましたが、離婚にあたって親権者は前妻となっています。

元夫は元妻が再婚したことを知りませんでしたが、一年前に再婚していたこと、さらに再婚にあたって長男と長女と新しい夫が養子縁組をしていることを知りました。

そこで、養育費の減額の申立を行いました。また、元妻が再婚し養子縁組をした一年前から、養子縁組をしていることを知って養育費の支払いを停止するに至った約一〇カ月分の養育費の返還を求めています。

調停ですので、それぞれから話を聞いて調整した結果、養子縁組後に共同親権者となった元妻と新しい夫の経済的な収入が安定しており、子どもの養育を賄うことが十分にできることから、養育費を免除すること、さらに過払いとなっていた養育費を元夫に返還することが決まり、条項に盛り込まれて成立しました。

しかし、この間、子どもたちは、大人たちとはまったく異なる動きをしていました。

ある意味で、まったく逆の方向へ動いていたと言えなくもありません。

子どもたちは、両親の離婚後、新しく結婚して別の女性と生活している父親（元夫）のところへそれぞれ訪ねたり、たまに一泊して帰ることがありました。しかし、養育費の減額を申し立てたのちに、長女は母親の家を出て、父親の家に移ってきており、父親、その新しい配偶者と三人で順調に生活しているとのことです。

したがって、このまま長女が父親と一緒に生活し続けるような場合、今後、親権や監護権について話し合いをする必要が出てきます。さらに、父親からの養育費を減額するというどころの話ではなく、むしろ養育費を母親が父親に払うということが必要になってくることさえも予想されます（なお、親権者の変更については第七章で検討します）。

単独親権制度のもとで、離婚時に親権者をいずれかに決めたとしても、子どもたちの認識はまったく異なるのではないでしょうか。子どもたちはまったく違ったことを望んでいるのかもしれません。さらに、たとえその時点であることを希望していたとしても、それは変化する可能性があるのではないでしょうか。そのような変化を取り込んだ制度にする必要があるのではないかということが窺えるケースと言ってよいでしょう。こうしたことについては今までほとんど指摘がなされておらず、見逃されてきたように思われます。

離婚する親としても、離婚時点における子どもたちの気持ちや心理をおもんばかるだけではなく、その後の子の気持ちや考えの変化をきちんと受けとめる心づもりをすること、さらにそうした変化に対応できる制度にすることが、家族メンバー全員の離婚時ばかりではなくその後の生活における幸せをもたらすと考えられます。

第四章

親権をめぐって

——四〇歳代の離婚

1 「親権」とは

数少ない単独親権の国

日本が批准した児童（子ども）の権利条約は、第九条一項で以下のように定めています。

締約国は、児童がその父母の意思に反してその父母から分離されないことを確保する。

一般の方はあまりご存じないようですが、法体系の上で、批准した国際条約は憲法の次に優先度があります。

すなわち日本が受け入れたり参加した国際条約や国際規約は、一般的な法律――たとえば民法や刑法などの実体法、または児童福祉法や少年法といった特別法、民事訴訟法や刑事訴訟法といった手続法――よりも上位にあり、優先して遵守する必要があります。

児童の権利条約を誠実に履行しようとすれば、日本の代表的な家族法学者の一人が述べるように「父母の養育を受ける子の権利の視点に立つとき、離婚後の父母の共同親権（共同親責任）は論理的な帰結」（二宮周平、二〇二二年　四頁）となります。

しかし、世界の先進国とほぼ重なっているOECD加盟国のうちで、日本とトルコのみが離婚後単独親権です（なお、トルコは政教が分離しているとはいえ、イスラム教徒の国です）。G20のなかで単独親権の国は日本以外では、インドとトルコのみです。

児童の権利条約と実質的に齟齬《そご》をきたしている現行法の単独親権のもとで親権の八〇%から九〇%は母親が取得しています。

母親が親権者で、単親家族となった場合、七〇・二%の子どもは父親と会う機会を与えられず、関係が閉ざされてしまっています。父親が親権者となった場合に、母親と会えない子どもの割合は五四・五%となっています。

母子家庭で子どもと父親との関係が維持されるのは三〇%足らずです。父親が会う頻度は、「月一回以上二回未満」という選択肢が第一位で選ばれています。第二位が「四カ月から六カ月に一回以上」、第三位が「二カ月から三カ月に一回以上」です。

これに対して、父子家庭で子どもが母親と会う頻度は、第一位が「月に二回以上」、第二位が「月一回以上二回未満」、第三位が「二カ月から三カ月に一回以上」です。父子家庭の子どもたちのほうがもう一人の親である母親との交流をより高い頻度で維持していると言うことができます。（「平成二八年度全国ひとり親世帯等調査結果報告」）

親権の範囲

親権とは、法律的には、身上監護、教育、居所（住居）指定、職業許可、財産管理、法律行為の代理権などを指すとされます。身上監護というのは、子どもと一緒に住んで日常の身の回りの世話をすることです。教育には義務教育を受けさせる義務と、どこへ進学させるのかを決めることが含まれます。居所の指定は子どもがどこに住むのかを決めることです。職業の許可には、就職の決定に加えて、アルバイトを許可することも含まれます。財産管理は、文字通り子どもの財産を管理することです。法律行為の代理権は、子どもが裁判や司法や、法律的な手続を行う場合に代理人になることです。一般的には、これらすべてが同一の親権者に委ねられることが多いです。すなわち、親権者は子どもと一緒に住んで監護をすることが大多数だと言ってもいいでしょう。しかし、子どもの身の回りの世話をする監護を、親権を持っている親とは異なる親に委ねることも可能です。後に見るようにそのようなケースも実際にあります。

二〇一一年の民法改正によって親権について第八二〇条が以下のように改正されました。

第八二〇条　親権を行う者は、子の利益のために子の監護及び教育をする権利を有し、義務を負う。

従来はなかった「子の利益のために」という文言が付け加えられました。

さらに、二〇二二年一二月に国会で成立した改正民法によって、従来親権に含まれていた懲戒権は、児童虐待防止の観点から削除されました。その上で次の条文が加えられました。

第八二一条　親権を行う者は、前条の規定による監護及び教育をするに当たっては、子の人格を尊重するとともに、その年齢及び発達の程度に配慮しなければならず、かつ、体罰その他の子の心身の健全な発達に有害な影響を及ぼす言動をしてはならない。

「親権」という言葉は、親権には権利のみが与えられているという間違ったイメージや、他の一般的な権利と同一視して「親権」と聞いたら獲得すべき権利、失ったら損をする権利という認識を人々に植えつけてしまっているように思われます。しかし、先の条文にあるように子どもの利益のためのものであって、親は子どもを健全に育成する義務を負っているという、**義務の側面が強い**ものです。

親権が権利として認識されると、たとえば児童虐待にしても、親の権利の行使の一つの結果、あるいはしつけの行き過ぎといった程度にしか受け取られなくなるのではないでしょうか。これに対して、親権が義務として認識されれば、児童虐待は、子どもを守り育てるという親に課せられた義務に対する違反、子どもの権利に対する侵害というように正確に受けとめられるのではないでしょうか。

親権はむしろ義務的な側面が強いのです。したがって「親権」という言葉を、義務を明確にするためにたとえば親の務めということで「親務」としたり、親の責任を明確にするために「親責」としたり、というように名称を変更するのも一つの方法だと考えられます。

日本は現在、離婚後は単独親権制度ですので、右のように親権が権利であると誤解されることによって、離婚時に夫婦による子どもに対する「親権」の取り合いが激しくなっています。しかし、児童の権利条約を誠実に実行しようとすれば、欧米諸国のように、**たとえ夫婦は離婚しても、子どもについては引き続き両者が責任を持って養育する**という制度へと変更されていく必要があるように思われます。また、現行の単独親権制度のもとでも、双方の親が子どもの養育へコミットすることと、子どもが双方の親へアクセスすることを保障しようとする試みがなされています。

2　父親が親権者となる場合

母親から父親への親権の移動

児童の権利条約の批准によって、離婚後も子どもが両方の親へアクセスできることを保障する必要があることが明らかになりました。日本の離婚後の単独親権制度において母親が親権者になるケースについては、すでに語りつくされていると言っても過言ではありません。そこで、以下では、子どもの両方の親へのアクセスを確保する方法の一環として、離婚にあたって、父親が親権を取得したケースについて見ていくことにしたいと思います。

ケース4・1

〈年齢〉父親：四〇歳代前半　母親：三〇歳代後半
〈職業〉父親：会社員　母親：パートタイム
〈子ども〉長女：一一歳　長男：一〇歳
〈背景〉母親が子どもたちを連れて家を出た
〈経緯〉母親からの離婚の申立

母親は夫と離婚することを決意し、子どもを連れて実家に戻りました。戻って一カ月後に、親権を取って離婚することを目的に、家庭裁判所に離婚調停を申し立てました。

しかし、その後、子どもたちが自分たちの意思で父親のもとへ戻ってしまいました。最終的に母親は、子どもたちが自分と一緒に暮らしたくないと考えていることを理解し、子どもたちが父親のほうで生活するのがいいという考えを調停で表明しました。

どうして、子どもたちが父親のもとへ逃げ出したかと言えば、実家へ戻ったものの、母親は食事をきちんと作らず、ご飯とスーパーマーケットのお惣菜を一個与えるのみであったため、そのことに不満を持った子どもたちが父親のもとに戻ったということなのです。

母親は、子どもたちが自分の意思で、父親のもとへ戻ったということが信じられませんでした。そこで、母親は母方の、子どもたちと仲のよいいとこを使って子どもとの接触を試みました。いとこから会いたいという電話をかけさせ、いとこも母方の実家へ遊びに行くので、一緒に来ないかと誘わせました。しかし、子どもたちの返事は、実家に母親がいないならば行ってもよいが、そうではない限り行きたくないというものでした。

母親は、いとこから、そのときのやりとりや様子を詳しく聞き、父親が、子どもたちが母親と会うことを阻止したり、拒んでいるわけではなく、子どもたち自身が自分と会いたくないと思っていることを実感しました。

子どもたちが戻った父親の家は、同じ敷地に子どもたちの祖父母が生活していて、戻った子どもたちの世話を二人が手伝っています。

母親は、養育費として一人一万円をそれぞれの子どもが二〇歳に至るまで払うことと し、月に一回以上の面会交流を希望しました。

なお、母親の実家は家族が居住していた父親の家に近く徒歩の圏内にあります。同じ学区ではありませんが小学校区は隣であり、転校はしないで通学できます。また中学は同一の学区です。友人関係から断絶されたというわけではないにもかかわらず、子どもたちは元の家へ帰っていきました。

互いの家が近く、子どもたちが母親に会おうと思えばいつでも会いに行ける環境にあり、父親も子どもと母親が会うことを拒否しているわけではないので、子どもたちと母親との関係が修復し、より頻繁に母親と子どもたちが会えるようになることが期待されます。

3　親権と監護権を分ける

調停の実状

次は夫と妻がともに再婚者であり、再婚者同士が離婚したケースです。父親が、二人の間にできた子どもの親権を取得しました。

前の章では、養育費を決めるためには、また養育費を確実に払ってもらうためには、協議離婚ではなく家庭裁判所の調停離婚を利用するのが好ましいことを述べました。

それでは離婚にあたっては、家庭裁判所に調停を申し立てて、家庭裁判所の調停に委ねるのが一番いいのでしょうか。実はそうとばかりは言えないのです。

家庭裁判所では、調停を申し立てたほうを「申立人」、申し立てられたほうを「相手方」、両方をあわせて当事者と呼びますが、家庭裁判所は当事者の間の話し合いが円滑に進むように、裁判官と調停委員二名で構成する調停委員会がお手伝いをするということになっています。しかし、実際に家庭裁判所においては、双方の意見の対立があったときに、まったく当事者の自由に委ねるのではなく、それを調整するため、法律の解釈にもとづいて設定している原則や暗黙の前提としているモデルがあります。それにしたがって、暗々裏《あんあんり》に一定の方向へ導いていこうとします。

ところが、家庭裁判所が準拠している法律が現在の日本の結婚と離婚の実態に合わなくなっていたり、当事者の要望に応えることができないものになったりしているという面があります。国際連合の人権に関する理事会や委員会、ヨーロッパの人権に関する委員会などから、人権の観点から視て非常に問題があるので改正するようにという勧告を強く受けています。これらの人権に関する委員会の勧告などをふまえて、ヨーロッパの国の大統領が日本の首相に改善するようにという要望を口頭で伝えたりもしています。それにもかかわらず、法律の改正に至らず、旧態依然の状態に留まっていることがあります。

実はそれは日本の離婚制度の根本にかかわることです。日本の代表的な家族法学者の一人は、以下のように述べています。

少なくとも、これほどの家族や社会関係の大きな変動があるなかで、明治31年に施行

された民法での親の支配権的な基本構造が維持されたままで、抜本的な改正がなされていないということは、本当に理解に苦しむ。当事者たちが無用な紛争や泥沼の子どもの奪い合いに至っている一因には、法制度の不備と支援制度の不十分さがあることは否めない。一日も早く、現代社会の実情に応じた親権・監護法の改正がなされなければならないとともに、子どもの権利の視点に立った当事者の社会的支援システムの整備も重要である。（傍点——引用者）

（棚村政行、二〇〇八年　九一頁）

親権に関して、日本の法律でも子どもの利益が最優先されるという文言が取り入れられました。しかし、家族法の全体的な構造、具体的な内容や、手続の規定は、実際にはそのようになっていません。

法律が改正されるのが最も好ましいことです。しかし、改正されるまでにはタイムラグがあり、それまで手をこまねいているわけにはいきません。現行の法律のもとで、なんとか工夫しようという試みがなされています。

調停はあくまで当事者が主体であり、調停委員会は、当事者の納得のいく合意が得られるようにお手伝いをするということになっています。その建前を利用して、法律に違反することではなく、双方が合意し、それがとりわけ子どもたちの福祉にとって好ましく、自分たちにとっても合理的で、家族をより幸せにするものであれば、自分たちで決めた合意内容を家庭裁判所に認めさせればいいのです。そうしたケースを見てみましょう。

ケース4・2

〈年齢〉夫：四〇歳代前半　妻：四〇歳代前半
〈職業〉夫：会社員　　　妻：パートタイム
〈子ども〉妻は前夫との間の二人の子ども（長男と長女）を連れて結婚（再婚）夫婦の間にできた子ども＝次男：三歳（ここでは「息子」の呼称を用いることもあります）
〈経緯〉妻からの離婚の申立

親権と監護権を分けた例

このケースでは妻から家庭裁判所へ離婚の申立がなされましたが、夫婦で離婚することについては同意しており、どちらから申し立てられてもおかしくないケースです。

夫婦は結婚して五年になります。夫婦が離婚に至ったきっかけは、長男が、母親が携帯電話で男性と連絡を取ったり、会っていると父親（夫）に告げたことでした。夫は猜疑心を募らせて、妻の行動を制限するようになりました。もともと自由に行動することを好む妻は息苦しくなり、隠密の行動が増えるようになりました。それが夫の猜疑心をさらに募らせ、日常生活での会話は攻撃的でとげとげしいものになり、喧嘩が絶えず、夫婦の対立が深まっていきました。それぞれの親を交えて話し合いを行い関係の修復を図りましたが、別居し、最終的に離婚することになりました。

妻には一回の離婚経験があります。現在の夫と出会ったのは前夫と婚姻中のことで、すでに二人の子どもがありました。現在の夫と結婚をしたとき、夫は婚姻だけではなく、同時に妻の子どもと養子縁組をしています。

出会ったとき、夫は独身でしたが、実は夫にも離婚歴がありました。前妻との離婚は家庭裁判所の調停離婚で行われました。前回の結婚において、前妻との間に二人の子どもがいましたが、子どもの親権は前妻が取得しました。前妻はその後、再婚しており、その際に、この夫との間にできた子どもと再婚相手の男性は養子縁組をしています。夫は離婚して以来、前妻との子どもに対する養育費を前妻の再婚相手と子どもが養子縁組するまで払いました。しかし、前妻との間にできた子どもには八年間で一回しか会えませんでした。

夫の前回の離婚は、現在の離婚調停が申し立てられた家庭裁判所とは異なる家庭裁判所の調停離婚によって行われました。前妻が親権者となるにあたっては、父親と子どもは月に二回の面会交流を行うことが調停調書で定められました。父親は養育費をきちんと払っていたにもかかわらず、先に述べたように子どもとは、ほとんどまったく会えませんでした。このことが、父親の行動の原点としてあったようです。

初回の調停では夫妻とも夫婦の子どもである次男（息子）の親権を主張しました。夫は前回も家庭裁判所の離婚調停で離婚しましたが、結局子どもと会うことが実現しなかったことから、今回は息子と確実に会って関係を維持できる状況を確保しようとしました。

話し合いは膠着状態が続きましたが、数回目の調停のとき、調停の期日間に自分たちで話し合った結果、息子の親権者を父とし、監護者を母とすることで合意したと報告を受けました。当事者間で合意したのであればということで、裁判所としてもそれを承認した調停調書を作成し、離婚が成立しました。なお、離婚にあたっては、夫が長男と長女を離縁することについても夫婦で合意ができているとのことで、そのような取り決めが行われました。

親権と監護権を分けるケースは多くはありません。家庭裁判所は分離することは好ましくないと考えており、離婚調停において親権と監護権を分離することを勧めたり、示唆するようなことはしません。

進路を決めたり、居住する場所を決めたりする親権と、子どもと一緒に住み、日常の世話をするという監護権は同一の人物が取得するというのを標準モデルとしています。子どもが未成年の段階で、進学先を決めたり、居住先を決めたり、就職を決めたりという重要な決定で、両者の意見が異なると収拾が容易ではないことが、その理由として挙げられます。

しかし父親は、過去の経験から家庭裁判所への不信感が強く、息子との面会交流を確保するためには、親権と監護権を分けて離婚を成立させるほかないと考えました。学校の進路や就職先について意見が食い違った場合は十分に時間をかけて話し合えば、問題は解決すると考えたようです。住居の指定に関しては、母親と同居して生活することには賛成するが、母親が子どもを囲い込んでしまって、自分を排除して、子どもを自分と会わないようにさせることは絶対に避けたいと考えました。

親権をめぐるバトル

父親は口先で親権を主張するだけではなく、別居期間中にも、それを主張する根拠と態勢を整えていきました。実はこれが最大のポイントなのです。

日本でしばしば起きているのは、母親が突然子どもを連れて家を出たり、実家に戻ってしまうことです。これを契機として父親と子どもは会えなくなってしまいます（なお、近年は逆に、父親が子どもを連れて実家に戻ることも起きるようになっています）。

まだ婚姻は続いており、親権は父母の両方が持っているにもかかわらず、父親が子どもと会えなくなるのです。離婚する以前で共同親権のはずなのに、父親がすでに家族から排除されてしまいます。

母親は、ときには自分の両親の援助を得て子どもの世話を続け、父親不在の状態で子どもと自分との生活を確立し、定着させます。次に、離婚の申立を家庭裁判所へ行います。そこでは親権の帰属が最大のテーマです。しかし、結論は最初から出ています。子どもが順調に母親と生活しているということで、家庭裁判所は現在の生活を続けるのが好ましいと考え、母親を親権者に指定します。これは、「継続性の基準」と呼ばれています。

筆者が、家族や離婚の分野の文献を読んだなかで、鮮烈な記憶として残り、どれほど頭から振り払おうとしても振り払うことができない文章があります。

それは日本弁護士連合会の財団法人である日弁連法務研究財団が出している研究報告の書籍のまさに冒頭の文章です。

そこには、弁護士のぶっちゃけ話が、これ以上ないほどに赤裸々に書かれています。

実務家である弁護士にとって、親権をめぐる争いのある離婚事件で、常識といってよい認識がある。それは、親権者の指定を請けようとすればまず子どもを依頼者のもと

に確保するということである。その上で相手（つまり父か母のどちらか）にいかに問題があるかについての主張立証を尽くすということにある。

（日弁連法務研究財団、二〇〇七年「はしがき」ⅰ頁）

離婚調停においては、しばしば、親権をめぐって、取るか取られるかの壮絶なバトルが繰り広げられます。互いに、相手の弱みをとことん突きます。相手の行状と性格を列挙して、相手に親権者として不適格者であるというレッテルを貼りあいます。

それぞれの当事者は順番に調停室に入ってもらいますので、直接にその言葉を頭から浴びせかけられないことがせめてもの救いだと思います。それでもなお、つい最近まで永遠の愛を誓いあったはずの二人なのに、どうしてここまでとことん激しく相手の人格を攻撃することができるのだろうかと、暗澹たる気持ちに襲われます。しかし、先に引用した家族法学者が述べているように「法制度の不備」が当事者を「泥沼の子どもの奪い合いに至」らせているのです。

「法制度の不備」によってゼロサムゲームを強いられた両親は、ほんとうにやるかやられるかのデスマッチを行います。一方は完全な勝者となり、他方は完全な敗者となるという結果がもたらされます。残るのは敗者の挫折感と勝者に対する憎しみです。修復しがたいしこりを残した状態で、両者が協力し合って子どもに対する養育のための体制作りをするなどということは残念ながら期待しえません。

それは、日弁連法務研究財団による書籍の続きの文章に述べられているとおりです。

そのような深刻な紛争状態のなかで、面接交渉の条件を整えて実現するというのは容易なことではなく、その後の子どもとのかかわり方について協議するということも考えられない。こうした父母同士の深刻な争いが、当の子どもにとって決してよい結果をもたらさないばかりか、むしろ傷つけることになっているのではないかとの思いを抱きながら、それでも争いを続けなければならない。親権者となるかどうかが争点の中心となり、子どもと父母の関係をどう築くかについて援助する仕組みがほとんど存在しないからである。

（日弁連法務研究財団、前掲書、「はしがき」i頁）

どうしてこのような状態が長年にわたって放置されてきたのか、この分野に携わる実務家および関係者によるこの問題に対するネグレクト、行政、立法、司法による怠慢には著しいものがあります。ひょっとしたら、裁判所と弁護士などの司法関係者は、これによって仕事を獲得し、収入と利益を得ているがために、紛争状態を作り出し、それを維持しようとしているのではないかと疑う人もいるほどです。ただし、弁護士の一部にはこうした事態を深刻に受けとめ、自分がしていることについて悩み、改善することが必要だと考える人がいるからこそ、右のような研究会が持たれ、本が出版されたと言うこともできます。したがってすべての関係者が非難されるべきではないとは思いますが……。

このように法制度に不備がある状況では、離婚する当事者である市民が、子どもと自分たちが幸せになることができる方策を自ら編み出すほかありません。

共同養育の試み

このケースでは、夫は、過去の経験から得た教訓にもとづいて、別居にあたり、妻子のマンションに直近の場所に自分の住居を定めました。今まで勤務していた会社と交渉し、息子の保育園のお迎えができる時間に帰宅できる業務の部署に異動させてもらいました。ウィークデイは、ほとんど毎日、息子の保育園のお迎えをし、一緒に過ごして、夕食を食べさせるなどの世話をして、夜七時半に母親に息子を返すということをしていました。

母親に息子を戻す際にも、息子は父とずっと一緒にいたいと言って離れないほどであり、母親も息子が父になついていることを認めざるをえない状態でした。なお、夫は、離婚にあたって長男、長女を離縁し、経済的責任を負わないようになったものの、従来どおり子どもたちが父親として慕ってくれる限り、息子とその他の子どもたちを分け隔てすることなく父親として接していくとのことです。

この夫婦が行ったことは、現行の単独親権制度のもとで、離婚後も子どもについては共同して育んでいくという「共同養育」であり、実質的には共同親権に近いものです。共同養育の試みを推進している人々や団体もあります。ただ、わが国においては、まだ十分に経験が蓄積されておらず、こうした問題が起きたときにはこう対応すればいいといったマニュアルが整っているレベルに達しているようには思われません。しかし、そもそも子育てにあたって親も子もそれぞれに個性が違い、組み合わせが違い、置かれた条件も大きく違うのですから、マニュアルという発想自体が間違っていると言えば、そのとおりです。

離婚した両親が共同して子どもを養育するにあたっては、やはり最低限取り決めておく必要がある事柄があります。すなわち、二人でどのように協力し、責任と役割をどのように分担して子どもを育てていくのかについて、話し合って取り決めを行う必要があります。

たとえば日常生活のどのようなことについては一緒に住んでいる監護親が単独で決めることができ、どのようなことについては話し合って決めることとし、どのようなことについては最終的に親権者の決定に委ねるかといったことです。そのなかには、教育とりわけ進学時や就職決定時に関することが含まれます。また、もし子どもに緊急の医療が必要になり、重要な決定が求められるような場合の対応についても、あらかじめ概要を決めておく必要があると思われます。こうしたことに加えて、より細かなことについても合意を形成し「共同養育計画」(「共同養育プラン」)を作成する必要があると言えます。

取り決める必要がある事項については、海外の国々で長年にわたって実施されてきた、実績にもとづいたプランやガイドラインの紹介がなされています。それらを参考にしたり、共同養育を推進している団体などに相談したりして、取り決め実行していくのが望ましいと言えます。

従来、伝統的な核家族モデルのもとでは、夫婦の役割分業が前提とされ、母親が育児を担当していました。現在の単独親権という法制度のもとでは、母親が親権を単独で取得し、父親と子どもとの接触が制限され、最終的に父子関係が断絶させられることが起きてきました。しかし、父親の子育てへの参加が奨励され、父親も子育てに熱心になってきています。日本も、世界のほとんどの国と同様に批准している子どもの権利条約（児童の権利条約）では、離婚後も子どもには両方の親と会い、その関係を継続する権利があると明確に記されています。

離婚に際して子どもの権利を保障すると同時に、育児を実際に行い、子どもの成長に関与してきた父親と子どもとが会い、交流し、子どもがその成長を父親によっても見守られるという、より幸せな離婚後の生活形態の実現へ向けた工夫と改善が求められていると考えられます。

第五章

熟年世代に訪れた危機

——五〇歳代以降の離婚

1　熟年の恋

離婚を準備している妻

離婚はどのようなときに認められるのでしょうか。言うまでもなく結婚している夫婦が離婚しようと合意したときに離婚は可能です。現在の日本では、本人に加えて二名の証人の署名捺印がある離婚届を市町村役場や区役所に提出すればいいのです。

しかし、一方が離婚を望み他方が望まない場合や、離婚の条件が折り合わない場合はどうなるでしょうか。その場合は、家庭裁判所に夫婦関係（離婚）の調停を申し立てることになります。そのようなケースを私たちは見てきました。

若い一〇歳代で妊娠して結婚したケースをはじめとする二〇歳代の離婚のケースから、四〇歳代の中年までのケースをこれまでの章で取り上げて検討してきました。

前半の最後となるこの章では、熟年の離婚について考察したいと思います。とりわけ三〇年以上結婚生活をともにし人生を一緒に歩んできた夫婦の離婚のケースを取り上げたいと思います。

もし二人三脚で四〇〇メートルを走るとして、陸上競技場のトラックの第四コーナーを曲がって、目の先に見えているゴールに入ろうとする直前で、パートナーが脚の紐をほどいてリタイアしてどこかへ行ってしまうようなものです。残されたほうは、予想もしなかったまさかの事態に呆然とした気持ちになってしまうに違いありません。

しかし、事情は男性と女性では大きく異なっているように思われます。女性の場合、とりわけ家族の主要な稼ぎ手が夫であり、妻がパートタイムなどで就労することがあったとしても、育児や家事を中心として生活してきた場合、離婚のタイミングを待っていたと推測されるケースが多々あります。子どもたちが成人して就職したり、その後結婚したりして家庭から巣立ったり、夫の定年退職——再雇用されてその会社に留まったり、関連企業へと移ったりする前の定年退職——まで、我慢を重ね、離婚を周到に準備している場合が多いと考えられます。

もうすぐ支給される退職金を含めて二人が形成した財産を分与することが遺漏《いろう》なく計算されています。妻は夫の給与が振り込まれる銀行口座を管理し、夫には月々に少額の小遣いを与えて生活させ、他方で自分のパート収入のほうは夫の目の届かないところで貯蓄したり、小遣いとして自由に使ったりということが行われていたりもします。もちろん夫の収入だけでは家計や子どもの教育費を賄えず、パート収入が子どもの教育費や習いごとや塾の費用などに使われるということもあります。

男性にもこうした準備をした例がないわけではありません。夫のほうから退職を前に離婚を切り出し、ローンが完済した家も、退職金の半額も妻に与えると言って離婚したケースも見てきています。しかし、男性の場合、そうした以前から計画された例は少なく、むしろ、人生の最終段階で道ならぬ恋の最後の花を咲かせようとするケースが目につくように思われます。五〇歳代と六〇歳代の夫婦の二つのケースを取り上げて見ていきましょう。

ケース5・1

〈年齢〉夫：五〇歳代後半　妻：五〇歳代後半
〈職業〉夫：会社員　妻：主婦
〈子ども〉二人：ともに二〇歳代で、すでに結婚

〈婚姻期間〉三二年
〈背景〉家は妻の実家の敷地内に建てられており、ローンは完了
〈経緯〉夫から離婚の申立

夫の不倫と離婚を拒否する妻

夫は勤務先外の趣味のサークルで、ある女性と親しくなりました。相手女性は五〇歳代前半で、偶然、関連企業に勤務する独身の女性でした。一回の結婚ののち離婚し、自分の子ども一人はすでに結婚しています。夫の携帯電話を妻が見て、親しい内容のメールを目にして関係が発覚。妻が夫の会社へ出向いて夫の上司に、夫と相手女性の関係について相談しました。

さらに、妻は、夫の携帯電話を使って、サークルの幹部メンバーに自分はその女性と関係を持ったため、サークルを脱退するというメールを送ります。このサークルは文化系のサークルで夫は主宰者となっていて、文芸的な分野でも才能があり、メンバーをまとめたり、励まして引っ張っていくといった立場にあり、夫にとっては非常に重要な生きがいとなっていたものでした。

このメールの出来事によって夫は、家を出て賃貸マンションで生活を開始します。子どもたちは、母親から話を聞いて、父親を母親のもとへ引き戻そうと努力しますが、父親はそれに反発し、朝、女性宅から出勤するところを目撃されたりもします。家庭裁判所へ夫が離婚を求める調停の申立をする以前に、妻はすでに夫の相手女性に対して、五〇〇万円の慰謝料を求める民事訴訟を地方裁判所へ提起しています。妻が夫に家庭か女性のいずれかを選択するように迫ったところ、夫は女性を選ぶと回答し、今回の申立に至っています。

家庭裁判所に離婚の調停が申し立てられる前に、当事者間で、また家族を交えて何度か話し合いがもたれ、激しい言葉の応酬がありました。とりわけ夫は、妻が会社へ出向いて夫の上司に「告げ口」をして対処を求めたり、サークルの幹部に勝手にメールを送りつけたりしたことに激怒しています。妻の行動は、会社での自分の信用を失わせたばかりではなく、自分が強い愛着を持ち中心的メンバーとして取り仕切ってきた文化サークルにおいて自分の顔を潰し、窮地に追い詰めたとして、激しい怒りを抱いています。

妻は提訴した夫の相手女性に対する高額の損害賠償を求める民事訴訟を、家庭裁判所での家事調停と同時並行的に、地方裁判所で進めています。また、妻の側は、夫の離婚

図2　養育費・婚姻費用分担（家庭裁判所関係）

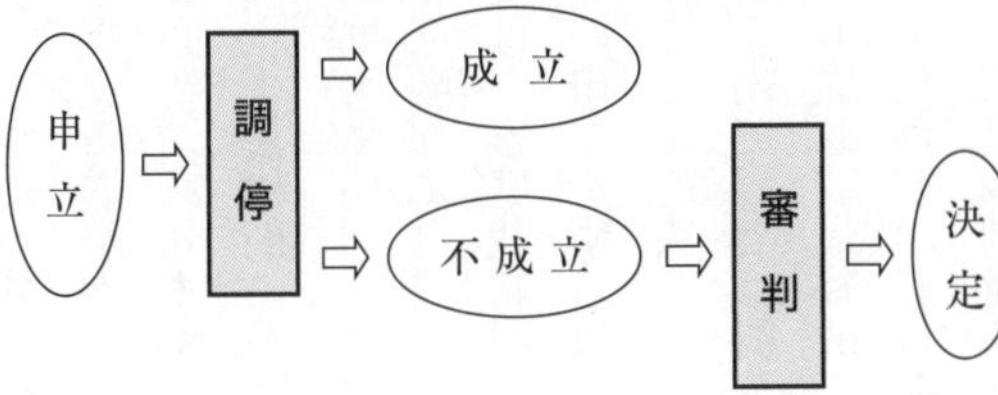

〔著者作成〕

の申立に対して、**婚姻費用**の申立をしています。

夫の離婚の希望に対して、妻は夫の不貞行為を非難し、離婚は断固として拒否します。調停とは話し合いで合意をめざすものです。したがって相手が強く拒否し、話し合いに応じなかったり、あまりにも両者の主張が大きくかけ離れていて妥協の余地がないと考えられる場合、話し合いは不調で、不成立ということで調停は終了します。夫婦関係（離婚）の調停は、「不成立」で終了しました。

しかし、話し合いが不調なのでどうしようもないと言って放棄してしまうことができない種類の事件があります。これは、「養育費」や「婚姻費用分担」――「婚姻費用」または「婚費」と略称で呼ばれています――などです。

どちらが婚姻費用を負担するか

親は離婚後も、引き続き子どもに対して、養育するために必要な費用を負担する義務が課せられています。また、夫婦には相互扶助の義務があります。したがって、離婚をする以前には、たとえ夫婦が別居していようとも、互いに生活を支える義務があります。夫と妻の収入に応じて、多いほうが少ないほうの生活を支える必要があります。たとえ離婚を望んでいても、夫婦は法律的に結婚が継続している限り——法律的に言えば婚姻関係にある限り——離婚が成立するかまたは他方が死亡して結婚が終了するまでは、多額の収入を得ているほうが少ないほうに毎月一定の金額を渡す必要があります。

妻は、家庭裁判所に婚姻費用分担の申立をしています。このケースでも、妻は、夫が調停の申立をする以前に自分たちで話し合ったときには、婚姻費用として、一八万円を払うことを約束したと主張しました。これに対して、夫は一〇万円を主張しました。夫が家を出て、妻は引き続き家に居住し続けており、住居費がかからないことなどについても考慮し、最終的に一二万円の婚姻費用で合意しました。今回のケースでは合意で終了しましたが、もし合意できなかった場合、「婚姻費用」や「養育費」は家事審判に回され、家庭裁判所の裁判官が決定します。

この夫婦は今後どうなるでしょうか。協議離婚できず、調停離婚もできませんでした。

残された方法としては裁判離婚です。従来は地方裁判所で扱っていましたが、現在は家庭裁判所で扱っています。これは「人事訴訟」、略語で「人訴」と呼ばれています。この人事訴訟を起こすためには、家事調停を行っていることが必要条件となります。この後、夫は離婚訴訟へ向かうものと思われます。夫は、家事調停の申立を行った時点で、自分のケースは調停ではまとまらず、裁判を行うほかないと考えていたのではないかと推測されます。

裁判離婚の要件

日本において裁判で離婚するには、次の五つのうちの一つに該当すると裁判所が認定することが必要です。

民法
第七七〇条
1　夫婦の一方は、次に掲げる場合に限り、離婚の訴えを提起することができる。
一　配偶者に不貞な行為があったとき。

二　配偶者から悪意で遺棄されたとき。
三　配偶者の生死が三年以上明らかでないとき。
四　配偶者が強度の精神病にかかり、回復の見込みがないとき。
五　その他婚姻を継続し難い重大な事由があるとき。

しかし、第二項では次のように述べられています。

2　裁判所は、前項第一号から第四号までに掲げる事由がある場合であっても、一切の事情を考慮して婚姻の継続を相当と認めるときは、離婚の請求を棄却することができる。

妻には嫉妬による激しい行動はありましたが、それは夫の不貞が発覚したことによるものであり、今までに妻の側に特段に落ち度らしいものは見当たりません。夫は妻が支配的だったと言います。今まで、さまざまに自分がしたかったことを妨害されて断念させられ、非常につらい思いをしてきたことを述べます。

確かに家を妻の実家の敷地内に建てており、それは必ずしも夫が望まなかったことかもしれません。また妻のほうが年上であり、夫が言うように、話し合いで自分としては理屈が通っていると考えることを言っても、まったく聞き入れられず押し切られてしまうところがあったのかもしれません。しかし、妻の話の内容や妻が話をするときの落ち着いた態度からも、妻に特段の問題があるようには思われません。

この場合、人事訴訟を起こしたとしても、不貞を行った夫からの離婚請求ということであり、いわゆる**「有責配偶者」からの離婚請求**に該当します。

被告――人事訴訟を含む民事裁判では、単純に、訴えたほうを「原告」、訴えられたほうを「被告」と呼びます。被告と呼ばれたからといって、言うまでもなく道徳的非難を浴びせられるわけではなく、また劣位に立つわけでもなく、原告と対等の立場にあります――である妻が離婚を拒否している以上、現在、裁判に訴えても離婚が認められる可能性は非常に低いと言えます（なお、刑事裁判でも、犯罪を行ったとして起訴された人を「被告」と呼んでいますが、正しい名称は「被告人」です）。離婚に至るには少なくとも今後五年程度の別居期間が必要になると考えられます。

妻が、自分を捨てて別の女性に走った夫を罰したいと思えば、離婚を拒否し続け、婚姻費用を取るなどの方法によって二人を経済的に追い詰めることができます。婚姻費用とともに自分が借りたマンション代を払い、パートナーの生活を援助していくことはかなりの負担であり、とりわけ夫が退職したのちは、そうした経済的出費を維持することは容易ではないかもしれません。

妻は、婚姻費用などを課し続けることによって、二人の関係を破滅させることができるかもしれません。他方で、そうした困難な状況に直面することによって二人の愛情をより強固なものに変化させ、二人を結束させて難関に耐えさせていくことになるかもしれません。しかし、いずれの場合であっても、夫が再び妻のもとへ帰ってくることはないことだけは確かだと考えられます。

双方にとって「幸福な離婚」という観点から考えるならば、妻は、夫婦関係が破綻してしまっており、修復不可能なことを冷静に認識し、決断までしばらくの期間は要するかもしれませんが、離婚を容認し、人生の最後の段階で、ともに過ごしてきた長い年月について後味の悪い思いをしなくてすむようにしたほうがよいように思われます。自分が、今まで生きてきたのとは別のかたちで、残された人生を充実して送る道を自ら閉ざしてしまわないことが必要ではないかと考えられます。

というのは、離婚を引き延ばさなくても、夫にはすでに過酷な経済生活が待っており、十分に罰されており、妻は自宅も獲得でき、一定のレベルの経済生活を送ることが確保されていると考えられるからです（シングルになれば、夫と同じように、妻にも新たな配偶者が現れるかもしれません）。

退職金・年金・財産分与

これは調停離婚でも裁判離婚でも同様ですが、六〇歳で得られる**退職金**について、**勤続年数のうち婚姻期間または同居期間**——このケースの場合は勤続年数のうちで八五・九％——**は妻と折半する**ことになります。この額は、すでに会社から資料をもらって試算されています。

年金についても、もともと個人に対して割り振られている国民年金の部分は除いて、大きなウェイトを占める厚生年金の部分については、勤続年数のうち婚姻期間または同居期間に関して、二〇〇八年四月一日より前の分については話し合いで決め、それ以降の分は、専業主婦で第三号被保険者である妻と折半することになります。

なぜ、二〇〇八年四月一日を境としてその前後で年金の扱いが異なるのかと言えば、国民年金の基礎部分を除いて、厚生年金の部分について、夫婦で合計してその額を半分ずつ分け合うという「国民年金法等の一部を改正する法律」が施行されたのが二〇〇八年四月だからです。あるときに国会で成立した法律を、それ以前の時期に遡及的に適用することは、原則として禁止されています。したがって年金を、二〇〇八年四月より前に遡って強制的に折半させることはできず、夫婦の話し合いによって決めてもらうほかありません。

夫は、離婚が認められるまでの間、自分の家賃の支払いもあり、生活は容易ではありません。このケースでは、関連企業の女性との不倫行為について妻が会社に乗り込んできたということで、あと数年で夫は定年を迎えますが、定年後の再雇用が危うくなっていることは十分に推測できます。

財産分与にあたっても、ローンの支払いが終了した、十分にしっかりした構造の家は、すでに評価額が低くなっており、税金等に関して有利な形で妻の所有となります。家については、それが妻の親が所有する土地の上に建てられていることもあり、所有者の名義は夫になってはいますが、夫はすでに妻に渡すことを考えています。

夫の要望の一つとして、妻に自分名義の通帳とキャッシュカードを返してほしいと述べているように、夫の給与口座は結婚以来妻が管理してきており、夫はほんの数万円の小遣いをもらって、昼食やサークル活動を含めて金のかからないささやかな趣味の生活してきたと考えられます。通常のケースから推測すれば、長年にわたって支払われた夫の給与に関して、給与口座を管理する妻によって、おそらく夫が関知しえないさまざまな支出や工夫がなされてきていることは想像に難くありません。

妻にとっては、夫の離反は青天の霹靂《へきれき》かもしれません。しかし、少なくとも長期間にわたって物心ともに安定した家庭生活を送り、子どもたちも独立して結婚し、父母としての役割を終えた段階に至っています。残された人生を復讐心のみに賭けて送ることは、貴重な一生を不毛化させてしまうようにも思われます。

妻としては自尊心を傷つけられた許しがたいことに思われるかもしれません。それゆえに相手方女性に対して、慰謝料を請求する訴訟を起こしたと推察されます。しかし、慰謝料の訴訟を起こした場合、夫婦が関係を修復して元の鞘に収まることはほとんどありません。

自分のいわゆる不貞の相手に対して訴訟を起こされた夫は、訴訟を起こした妻と連帯して女性をとがめるのではなく、妻が訴えてしまって申し訳ないという感情を抱き、相手の女性への謝罪とともに、その女性と連帯することになるからです。訴訟を起こした妻は慰謝料を獲得するかもしれませんが、その慰謝料の全額または大部分は実質的に夫が負担していることも多いのです。

すでに破綻しており修復が不可能な夫婦において、離婚を拒み続けることによって、夫婦が不幸な状態を持続して消耗していくのは得策とは思われません。とくにこのケースでは、多くの経済的損失を伴うにもかかわらず、夫と女性の二人は残された人生を自分たちの愛情に忠実に生きることを願っており、他方、妻には経済的に安定した生活が保障されています。今後の人生にとって離婚が幸福への入口となることが認識される必要があるように考えられます。もちろん、このことは逆の場合、すなわち妻と男性の二人が愛情に忠実に生きることを望んだ場合についても、同様に当てはまります。

2　調停離婚の効用

協議離婚で婚姻費用が高くなる

六〇歳前後の男女の別のケースについて考えてみましょう。

ケース5・2

〈年齢〉夫：六〇歳代前半　妻：五〇歳代後半
〈職業〉夫：自営業　　　妻：パートタイム
〈子ども〉二人：ともに成人、うち一人は母親と同居中
〈婚姻期間〉三五年
〈背景〉すでに慰謝料の一部については公正証書が作られている
〈経緯〉夫からの離婚の申立

これに対して、妻からの婚姻費用の中立

夫は不貞相手の女性と業界団体の会合で知り合いました。妻は非常に有能な人で、パートタイムという身分ではありますが、長年にわたって同一の職場に勤務し、仕事場ではリーダーとして中心的な役割を担っていました。他方で、夫が経営する会社でも経理などの事務を引き受けて重要な役割を果たしています。

夫の不倫が発覚して以来、夫婦間や子どもを交えた話し合いが行われました。他方で、夫婦と女性との話し合いも行われ、女性は妻に慰謝料として三五〇万円を支払うという合意が成立し、公正証書が作成されました。

夫婦間および家族会議が引き続き開かれましたが、離婚して当該の女性と一緒に暮らしたいという夫の意思は固いため、離婚協議が行われました。離婚協議書の原案としては、夫は家のローンの残額六五〇万円の全額を支払うこと、慰謝料として五〇〇万円を支払うこと、また、離婚まで婚姻費用として月二八万円を支払うという案が提案されて、話し合いが行われました。

しかし、その条件が夫側にとっては、厳しい内容となっていると考えられたため、夫

は家庭裁判所へ離婚調停を申し立てることとしました。

複数回にわたって調停が行われた結果、最終的には、夫が毎月払っているローンの半額を、ローンの残額がゼロとなるまで払うことと、家は、現在、半々の持ち分の共有名義となっているが、夫の所有分を妻に譲渡する手続を行うことが決まりました。

婚姻費用としては、最高裁判所が公表している婚姻費用の算定表にそれぞれの年収を当てはめると八万円という額が確認されました。妻が自宅に居住しているため、そこから住居費として三万円を差し引いて五万円を支払うことで合意することとなりました。すなわち、ローンの半額を負担し、自宅を妻のものにすることによって、それを慰謝料・解決金とすることとなったわけです。また不貞相手とされる女性が支払う慰謝料についても、女性の収入および慰謝料の相場から考えると非常に高額であることから、その一部は夫が負担することを期待されている慰謝料として勘案するということになりました。

当事者のみで話し合っていたときの条件と比較して、家事調停で合意を得た額がまったく異なるということにお気づきになられたと思います。

不利な公正証書が作られるわけ

一般的に不貞（不倫）を行った側は、非常に肩身の狭い加害者の立場に追いやられます。不法行為の責任を追及され、謝罪と償いを厳しく要求されます。もし探偵社などを使って集められた証拠写真などを突き付けられれば、罪の感情ばかりではなく、辱められているという感情がこみ上げ、一刻も早くこの場を逃れたいという気持ちに駆り立てられます。そのため、冷静さを失い、非常に不利な条件の合意に署名をしてしまうことが多く起きているように推察されます。

ただし、不倫をした側も、この条件さえ飲めば自分たちは晴れて夫婦になって一緒に暮らすことができる、ともかく自分たちの目的を達成するためには、相手の求める条件をこの場は認めるだけ認めて離婚を実現させようという、追い詰められながらも打算的な考えが潜在的に存在しているのかもしれません。

非常に高い額が書き込まれていても、公証人は、これは相場から大きく外れた額となっているので考え直したほうがいいと助言してくれるわけではありません。また、これはあなたの収入を考えるとまったく払うことが不可能な額になっていると忠告してくれるわけでもありません。当事者双方が合意した内容を淡々と文面にするだけです。

家庭裁判所の調停には、まったく支払いが不可能と思われる額が決められた合意文書や公正証書が提出されることがしばしば起きています。

こうしたことから、婚姻費用、養育費、または慰謝料や解決金などを決めるにあたっては、**自分たちで合意文書を作ったり、それを公証人役場で公正証書にする方法は避けたほうがいい**ように思われます。むしろ家庭裁判所の離婚調停を利用して落ち着いて熟考するとともに、第三者である調停委員を交えて、妥当で、支払い可能な額について冷静かつ客観的に検討して決定することが望ましいと思われます。離婚調停を経ることによって、双方が納得できる条件で離婚し、離婚後により幸せな生活をスタートさせることが可能になると考えられます。

以上の離婚の申立のケースは退職が近づいたり、自営の仕事が円熟期を過ぎようとしている男性から起こされたものです。これらの男性には人生の最後の段階で恋への熱情が燃え上がっているようにも見られます。相手の女性への愛を貫くために現在の結婚生活を捨て去ろうという決断をして行動に出ているようにも見えます。ただ、他人からは見えないところで、女性同士の闘いがあるのかもしれません。男性が女性への愛ゆえに離婚へと突き進んでいるのか、恋の相手の女性から愛の証を求められたがゆえの行動なのかは、外部の者にとってはあずかり知らぬ世界と言うほかはありません。

3　女性の晩年離婚

ケース5・3

〈年齢〉女性：七〇歳代前半　男性：七〇歳代後半
〈職業〉女性：主婦　男性：無職
〈子ども〉長女：結婚して近くに居住　長男：遠方で勤務
〈経緯〉妻からの離婚の申立

筆者の経験のかたよりによるのかもしれませんが、高齢女性からの離婚の申立の場合、あまりロマンがあるケースを知りません。こうしたケースばかりではないという前提で、あえて書かせていただけば、女性の場合の離婚の申立は、現実的で、客観的に物事を考えていて、非常に合理的な思考の結果のように思われます。

フランスでは離婚によって高齢女性が生活苦に陥ることを救済するために、国庫による生活支援のシステムが設けられたようですが、日本において婚姻期間が三〇年、三五年以上を経た夫婦の離婚が増加している背景としては、二〇〇八年から始まった年金分割が影響を与えているのかもしれません。

年金分割の取り決めは、家庭裁判所の調停で行います。その内容は先に少し述べましたが、二〇〇八年四月一日以降の分については、夫婦が結婚していた期間に関して、専業主婦である第三号被保険者の場合、分割割合は自動的に二分の一ずつになります。二〇〇八年四月一日より以前の分については話し合いによります。話し合いとは言いながら、家庭裁判所では、ほとんどすべてに近いケースで、全期間を五〇%すなわち折半としています。確かに年金の二分の一をもらっても、それだけで生活していくのは容易とは言えない額です。

しかし、女性は、それまで夫婦で築いてきた動産や不動産を考慮すると、少なくともつつましやかな生活が可能な額に達するという見込みに立った上で、離婚の申立をしているように思われます。

高齢の女性には、ご自身で非常に細かくリストアップされた財産のリストを作成している方もおられます。このケースでも非常に緻密に計算された財産目録を持参されました。

現在高齢になっている世代の女性は、家族のために多くの——ひょっとしたらほとんどかもしれません——時間とエネルギーを注いでこられた方が多いのかもしれません。すでに十分に家族のために尽くし、子どもたちも無事社会人として巣立っていってくれた、または、その後その子どもたちが家庭を持ち、幼い孫を育てる手助けをし、もうやるべきことはし終えたので、これ以上家族に尽くすという苦労を背負い込まないで、自分自身のペースで悠々とした老後の生活を送りたいという気持ちになるのも十分に理解できます。

今後も、社会の変化とともに、それぞれの社会と時代に応じて——離婚という選択肢も含めて——さまざまに異なったライフコースが選択され、かけがえのない多様なライフヒストリーが形成されていくことと思います。

第六章

不思議な離婚調停

1　ダブル不倫の成就

子どもの父親は誰になる？

さまざまな形の離婚や結婚があります。そのなかには非常に不思議なケースもあります。想像を超えた出来事や経過を含む離婚や結婚が実際に起きています。そうしたケースのなかから三つ紹介しましょう。最初は、ご本人たちにとっては非常に恵まれた結末がもたらされたと言えるケースです。

ケース6・1

〈年齢〉男性：三〇歳代後半　女性：三〇歳代前半
〈職業〉男性：会社員　女性：無職
〈子ども〉一人：一歳

〈背景〉二人はダブル不倫
〈経緯〉子どもの出生届は市町村役場に提出されていない
出産後、一年数カ月して、女性から男性に対して認知の申立

ダブル不倫から、それぞれの（元）配偶者に不倫や出産のことを知られないで離婚と再婚に成功したのではないかと思われるケースです。出産は女性が前夫との婚姻中に行われました。

婚姻中はもとより、離婚後三〇〇日以内に出産した子どもは、出生届を市町村役場に出せば、前夫の子どもとして認定されます。ただし、二〇二二年一二月に改正民法が国会で成立し、この法律の施行以降、離婚後に再婚していれば、再婚後に生まれた子どもは、現在の父親の子どもとみなされるようになります。

以前は、女性は離婚して六カ月を経ないと再婚できませんでした。しかし、二〇一五年に、これは憲法違反であるという判決が最高裁判所で出されました。最高裁判所は、女性に対して再婚まで六カ月の待機期間を設けている民法の条文は憲法第一四条一項「法の下の平等」と、第二四条二項「家族生活における個人の尊厳と両性の平等」に違

反するという判断を下しました。それを受けて、法改正が行われ、離婚した一〇〇日後から再婚が可能になりました。これらの日数は、離婚後に生まれた子どもがどちらの男性の子どもかを見分ける方法として設定されていたものでしたが、さらに二〇二二年一二月に国会で民法の改正が成立しました。改正法施行後は、女性は離婚直後に再婚することが可能となります。

しかし、このケースは、前婚の途中で出産していますので、届け出れば、出産当時に結婚していて別居している夫の子どもとみなされます。

そのため、出生届をまだ出していませんでした。一年数カ月間、いわゆる無戸籍のままでした（なお、これは正式には「出生届未了」と呼ばれています）。実際に父親でもある、再婚予定の男性の子どもとするために、男性の離婚が成立したのを待って、再婚予定の男性に対して自分の子どもとして「認知」してもらうことによって、その男性の子どもとして戸籍に登録されることになります。

はたして、このカップルは、子どもと三人での水入らずの新たな結婚生活を、それぞれの元配偶者に知られることなく出発させることはできるでしょうか。

出生届を出せない事情

認知の申立は子どもから行われます。しかし、子どもは一歳数カ月で未成年のため、実際には親権者である母が法定代理人となって申立が行われました。

この子どもは、出生時に出生届を出してしまうと、離婚する前ですから、当然当時の夫の子どもとして戸籍に記載されてしまいます。それを避けるために、出生届を出していません。夫との離婚が成立した直後に出生届を出したらどうなるでしょうか。先に述べたように、離婚後三〇〇日以内に出生した子どもは、直前に結婚していた父親の子どもという推定を受けます。しかし、このケースはそれどころではなく、婚姻期間中に出生していますから、当然、婚姻していた当時の夫が父親と推定されます。

これを覆すためには、一般的には当時の夫から、自分はこの女性と婚姻していたが自分の実子ではないという「嫡出否認」の申立をしてもらいます。この子どもを受胎したと推定される時機に、夫と不仲になっているばかりではなく、完全に別居状態にあって、両者の間に性行為がなく夫の子を受胎した可能性がないというのであれば、女性から「親子関係不存在確認」の申立をすることも可能です。これが通常の手続と言ってよいでしょう。しかし、嫡出否認を夫にしてもらおうとすれば、夫に自分が不貞をはたらいていたことが分かってしまいます。母親から申立をした場合、通常は夫に照会書が送られます。相手は誰だということになり、直ちに自分と相手の男性が慰謝料請求の対象になりえます。離婚前に、別の男性の子どもを出産したので離婚してほしいと夫に言ったとすれば、夫は自分の知らない間に妻が不貞をしていて、その相手と勝手に結婚しようなどということは許せないと言って離婚を拒否する可能性もあります。

男性からも「親子関係不存在確認」の申立をすることができますので、前の夫から嫡出否認または親子関係不存在確認の申立がなされて、新たに夫となる男性が認知を行ったとしても、別の女性と婚姻しているこの男性の戸籍に、夫婦の間にできたのではない子どもをこの男性が自分の子どもとして認知したということが記載されます。そのことに婚姻中の妻が気づけば、同様に慰謝料の申立の対象となったり、この男性が望んでいる離婚を拒否する可能性は十分にあります。そのため、女性が離婚したのち、さらに一年以上を経て男性が離婚するのを待って、認知の申立が行われました。

親子関係不存在確認と嫡出否認

この男性と女性がそれぞれ形成していた家族には子どもはいませんでした。この女性は、自分が結婚する予定の男性に、子どもを自分の子どもとして認知するように求める申立（だけ）を家庭裁判所に行いました。女性は、出産の一年以上前から前の夫とは別居状態だったので、子どもの父親が前の夫である可能性はないと述べます。また、前の夫とは協議離婚の届を出すときに会って以来音信がないため、親子関係不存在確認の申立をしても応じてもらうことができないと述べています。前の夫とは考え方が違うとともに、自分の考えに誘導しようとする言葉による暴力があったというようにも述べています。それが実際にどの程度のものであったのかは不明です。もしこのまま「認知」の申立だけで認められるのであれば、相手の男性は進んで認知しようとしているのですから、この後のＤＮＡ検査で生物学的に父親と確認されることは間違いがありません。二人はそれぞれの元の配偶者に自分たちの結婚を知られることなく、親子三人の新しい家族の生活をスタートさせることができます。

一般的には、たとえ離婚した後であっても、「認知」の前に、法律的に父親と推定される人がいる場合には、その人――このケースでは女性の元の大――に対して、女性が「親子関係不存在確認」の申立を行います。または、元の夫に「嫡出否認」の申立をしてくれるように依頼します。「親子関係不存在確認」とは、この子どもと（法律的に父親と推定される）男性との間に「親子関係はない」ことを確認してもらいたいというものです。

「嫡出否認」というのは、婚姻関係にある男性が、（嫡出推定がされる期間も含めて）女性が出生した子は自分の実の子ではない、自分はこの子の生物学的父親ではないという主張を行うことです。「親子関係不存在確認」の申立が行われると、家庭裁判所は照会書を法律的に父親と推定される男性に送ります。すると、この男性は、照会書に書かれている質問項目への回答として、別居していたのか、夫婦関係が破綻していたのか、受胎したと想定される時期に当該の女性と性行為があったのかなどについて回答して、裁判所へ返送します。文面からは、いかにも不愉快そうに、あるいは腹を立てて答えていることが窺える回答文が多いように思います。

その返事を受けた上で調停が行われ、一回目の調停では女性に対して、女性の調停委員が質問をしていきます。たとえば法律的に父親と推定される人からの回答を参考にして、申立人の女性が、法律的に父親と推定される男性と最後に性交した時期、別居を開始した時期、子どもの出産に立ち会った人や出産の費用を払った人が誰なのかといったことについても質問します。二人の言い分がほぼ合致して、法律的に父親と推定される男性は、実際の父親とは考えられないということが明らかになり、親子関係にはないことが確認されたり、嫡出ではないことが確認されたりします。

以上のことが確認された上で、当該の女性は、当該の子どもについて、実際に父親と考えられる男性に、この子どもが実の子だと認めるようにという「認知」の申立を裁判所へ行い、ＤＮＡ鑑定へと進みます。

しかし、このケースでは、協議離婚以来、法律的に父親と推定される男性とコンタクトが取れないということで、この手続が省略されています。すでに法律的に子どもの父親と推定される男性との離婚は成立しているわけですから、離婚が取り消されるのではないかといった心配はいっさいありません。ただ、妻が自分との婚姻中に他の男性と性交して出産し、そのことを隠して離婚交渉を行い、離婚を認めさせたことについて、もし元夫が知ったならば、だまされたような気持ちになったり、不愉快な感情が湧き起こることは想像に難くありません。

偶然なのか意図的なのかは分かりませんが、この二人はほんとうにきわどい綱渡りをしてきたと言うことができるでしょう。女性は「親子関係不存在確認」の申立をせよと指示されてはいません。もし、このまま審判へと移行して手続が進めば、照会書が元夫に届けられることはなく、元夫は何も気がつきません。また、男性が自分たちの離婚後に認知を行えば、この男性の元妻は、自分たちの婚姻中に夫とこの女性との間にすでに子どもが生まれていたことを知ることはありません。二人は、誰にも邪魔されることなく、名実ともに親子三人水入らずの新婚生活をスタートすることができます。

知ったほうがよいか知らないほうがよいか

ただし、二〇二二年に国会で成立した改正民法でも、離婚後三〇〇日以内に生まれた子どもについて、（もし女性が別の男性と結婚していなければ）三〇〇日前まで結婚していた男性の子どもと推定するという規定は残っています。したがって、再婚していない女性の出生児が無戸籍となる可能性は今後も十分にあります。

ドメスティックバイオレンス（ＤＶ）の被害女性に対するサポート体制の充実の一環として、無戸籍児童の救済のための方策が推進されてきました。今後、ＤＶの被害にあっている女性が、加害者とされる男性に妨げられることなく離婚が可能となる工夫がさらになされていくことが求められています。ただ、婚姻期間中に出生した子どもについては、結婚している男性を父親とするという推定を無くすことは難しいのではないでしょうか。婚姻期間中に生まれた子どもについて、婚姻している男性の子どもではないということを認めさせる方法として、「嫡出否認」や「親子関係不存在確認」の手続は残ります。

この節で紹介したケースは、恋を成就させた二人にとってはうれしい成果になると思われます。

ただ、新しい恋を成就させるために、自分との婚姻期間に他の男性との性行為が行われて妻が妊娠し、その結果出産した子どもがいるということを夫が知らされないで一生を終えることになるのだとしたら、それはそれで、（元）夫にとっては不幸なことだと言えなくもありません。

いや、逆に知らないほうが幸せなのかもしれません。男性側の妻についても同様のことが言えます。知ったほうが幸せなのか、知らないほうが幸せな一生を送ることができるのか……。

なお、従来、嫡出否認の申立は男性からしかできなかったのですが、二〇二二年一二月に国会で成立し二〇二四年四月から施行される改正民法によって、女性の側からも申し立てることができます。従来一年であった申立期間も三年に延長されます。ただし家庭裁判所は、男性に対して、妻や元妻から「嫡出否認」の申立が出されたという通知を発送することになりました。

2　知らないうちに増えていた戸籍の子ども

単身赴任から離婚へ

このケースでは元夫のほうから親子関係不存在確認の申立が、家庭裁判所になされました。

ケース6・2

〈年齢〉元夫：四〇歳代後半　元妻：三〇歳代後半
〈職業〉元夫：会社員　　　　元妻：主婦
〈子ども〉長男：一〇歳　長女：四歳

〈経緯〉元夫から長女と自分との間の「親子関係不存在確認」の中立

この（元）夫婦は一一年前に結婚しました。結婚して一年後に長男が生まれます。その一年後に夫が単身赴任になります。妻は、まだ子どもが小さいため、自分の知らない遠方の土地に同行して一人で子育てすることに不安を感じ、結婚したのと同じ故郷の小さな町に留まり、実家の援助を受けて子育てすることを希望します。

夫はときおり妻のもとへ帰っていましたが、仕事が忙しくなり、たまにしか帰宅しなくなりました。やがてお盆や正月の長期休暇のときにしか帰宅しなくなり、さらにその時期は混雑するというので、ほとんど帰ることがなくなります。妻としても、夫に帰宅を促すようなことはなくなります。

給与は妻が管理し、夫は残業手当などで自分の小遣いを賄って暮らしていました。

妻が、夫に帰宅するように言わなくなった最大の理由は、実は夫が単身赴任して二年後から夫以外の男性と交際するようになったためです。しかし、そのことに夫は気がつきません。単身赴任して三年後に夫婦の間で、一度、妻の側から離婚の話が持ち出されます。

これは自分が単身赴任しており、家に帰る頻度も少なくなり、夫婦と言えるような状態ではないこと、また長男出生時以来、子育てを手伝うことがなくきていることに対する不満の表明だろうと夫は考えました。しかし、妻のいる町へ戻るという転勤の話もないため、そのままになってしまっていました。

地位が上がるにつれてますます忙しくなり、単身ということで、子どもが病気になった、学校行事で会社を休みたいといった社員の代わりを務めるようになり、さらに妻の住んでいる場所へ行くには不便な地域へ転勤したりして、ますます自宅への足は遠のいていきました。帰宅しても、滞在は短期間で、妻とは意思疎通が円滑に行かず、ギクシャクしており、妻、長男と三人で過ごすことはあっても、夫婦二人で過ごす時間はなく、過去五年間は夫婦間に性交渉もありませんでした。

そうしていたところ、半年前に妻は在住する地方自治体へ離婚届を出しました。地方自治体は届を受理したのちに、離婚届を受理したとの通知を単身赴任している夫へ送ってきました。

男性としては、自分は離婚届に署名捺印をしておらず、妻から離婚届を出すことについての相談は受けておらず、提出するといった連絡もいっさい受けていないため、突然の知らせに驚きました。

男性は、まさか妻が勝手に離婚届を出すとは想定していませんでした。そのため、妻と息子が在住する地方自治体へ、万が一離婚届が提出されてもそれを受理しないようにという「離婚届不受理申出」を提出していませんでした。

しかし、近年夫婦としての体をなしていないこと、また過去に離婚の話が出て、二人の関係も疎遠になっていることから、妻がそうした考えであれば致し方ないかもしれないと考え、仕事の忙しさに紛れてそれ以上、妻を追及することは避けていました。

戸籍に知らない「自分の子」

長男の子育てはいっさい妻に任せているため、離婚にあたって、親権者が妻になるのは致し方ないことと考えました。離婚後も、給料が振り込まれる預金通帳と銀行カードも妻が持ったままでした。また、養育費などの話もしていませんでした。

最近、会社から海外出張を命じられたため、パスポートを作成する必要から戸籍謄本を取り寄せました。すると、男性は戸籍に自分の子として、会ったことも名前を聞いたこともない長女の名前が記載されていることに驚愕しました。今まで、妻が長男以外に子どもを身ごもって出産して子育てしているとは想像したこともなく、気がつかなかったためです。珍しく帰宅したおりにも、妻はそのようなそぶりを見せず、長男から妹の話題が出ることもありませんでした。

戸籍には、長女の出生時に自分が父として届けられていました。妻が離婚すると同時に、二人の子どもが親権者を母として除籍されていました。除籍された二人の子どもの記録は戸籍に残っています。

長女は出生時に出生届が出されて、自分の子どもとして届けられていたわけです。そこで元夫はこの娘と自分との間には親子関係が存在しないということを確認してもらいたいということで「親子関係不存在確認」の申立を家庭裁判所へ行いました。

妻が出産した子どもが夫とは別の男性の間にできた子どもである場合、そのことを夫に知られないために、しばしば出生届を地方自治体の役場へ提出しないことが起こります。この章の最初のケースで挙げたように、無戸籍の子どもの問題として注目を集めています。しかし、逆に、夫にとって自分の子どもでもないのに自分の子どもとして戸籍に登録されることも起きています。

日本の婚姻制度では、勝手に婚姻届が出されて結婚したことにされたり、このケースのように勝手に離婚届が地方自治体の役場に出されて、離婚したことにされてしまうことが起きています。これを防ぐ方法として「婚姻届不受理」や「離婚届不受理」の申出がありますが、十分に機能しているとは言いがたいように思われます。

先進国では数少ない、離婚届を行政機関に提出しさえすれば離婚が成立するという「協議離婚」の制度を持ち、これを用いて離婚する人が圧倒的に多いのが日本の特徴です。協議離婚による離婚届について言えば、自分の知らないうちに勝手に離婚したことにされてしまう可能性があり、実際にそのようにされてしまった人もいます。

このケースでは、あえて言えば勝手に離婚届を偽造されて提出されてしまったわけですが、男性は実質的に自分たちの婚姻関係は破綻してしまっていると認識し、それを追認することにしたようです。

妻は離婚すれば妻ではなくなりますが、子どもはそのようなわけにはいきません。妻は離婚届を出したのち、自分との婚姻中に実質的に同棲していた男性でもあり、長女の父親である男性と再婚しました。その際に二人の子どもとその男性との間で養子縁組をしました。

自分が単身赴任して以来、十数年にわたって子どもと会った回数はほんの数えるほどしかなかったため、妻が子どもの親権者となるのは順当なことと思われました。妻が長男の親権者となれば、離婚後の単独親権制度のもとでは、実子である長男が妻の再婚相手と養子縁組するのを阻止したり、異議を申し立てる手立てはありません。

しかし、自分に長女がいるとされていることだけは訂正したいと考え、「親子関係不存在確認」の届を出しました。ほんのたまに帰宅することがあっても、妻とほとんど会う機会はなく、寝室をともにしたこともなかったからです。自分の実子ではない子どもは、もう自分の戸籍からいなくなったからそれでいいのだというわけにはいきません。

通常の養子縁組の場合は、養子縁組されても、実子としての関係は続きます。このケースでは、もしこの男性が死亡した場合、離婚した妻は遺産相続とは関係ありませんが、子ども二人との関係は維持されたままになります。

すなわち二人の子どもが自分の遺産を二分の一ずつ分け合うことになります。

将来予定される遺産分割だけにこだわっているわけではありませんが、長女のことはあまりにも事実に反することですので、親子関係がないことを確定しようとしたわけです。養子縁組にからんだ遺産相続についてもご存じではない方が多くいらっしゃると思いますので付言させていただければ、二人の子どもは妻の再婚相手と養子縁組したことによって、相続権が発生します。すなわち、元夫の実子である長男については、養子縁組されたことによって、実親と養親との二人の父親から遺産相続する権利を得ました。

この男性は離婚については、虚偽に提出されはしましたが、離婚を認めることにしました。しかし、もしこの男性が妻との離婚を望んでいない場合には、離婚無効の調停を家庭裁判所へ申し立てる必要があります。調停で相手が合意すれば、審判で離婚無効となります。しかし、もし調停で合意が成立しなければ、家庭裁判所に訴訟を提起する必要があります。

3　気づかれない妊娠

同居していても分からなかった

もう一つ不思議なケースを見ておくことにしましょう。

第二のケースは実質的には別居していたと言ってもいい単身赴任期間中に、妻が別の男性の子どもを出産し、結婚している夫婦の子どもとして出生届を出していた例でした。

男性は、帰宅の頻度が極端に少なく、妻の生活についてきちんと把握できなかったため、妻が妊娠したり、出産したりということにまったく気がつかなかったというケースです。
これも確かに不思議なことですが、実は一緒に暮らしていても妻が別の男性の子どもを妊娠しているということに、出産間近でも気がつかないというケースがあります。

ケース6・3

〈年齢〉元夫：三〇歳代後半　元妻（母親）：三〇歳代前半
〈職業〉元夫：会社員　元妻（母親）：アルバイト
〈子ども〉長女：〇歳
〈背景〉離婚して二カ月後に出産
子どもはまだ出生届が出されていない
〈経緯〉子どもの法定代理人親権者の母親から「親子関係不存在確認」の申立

二人は六年前に結婚し、半年前に市役所に離婚届を出して協議離婚しました。

元夫は、離婚して四カ月後に、家庭裁判所から一通の封書を受け取りました。それを開封して、そのなかの書類を見て驚愕しました。封筒には、確認のための問い合わせの書類が、元妻から家庭裁判所へ提出された「親子関係不存在確認」の申立書の写しとともに入っていました。

元夫は離婚の直前まで元妻と生活をともにしていたのですが、元妻が妊娠していたとはまったく気がつきませんでした。元妻は、離婚して二カ月後に子どもを出産していました。さらに、その子どもは自分の子どもではないとのことです。

元夫はいわゆるサラリーマンで、朝九時から五時までの勤務ですが、通勤時間が長くかかるため朝早くに出勤し、残業がしばしばありました。他方、元妻は夜にアルバイトをしており、二人の生活の時間帯はすれ違いで一致しない傾向がありました。そのため次第に顔を合わせても、簡単な言葉を交わすだけだったりして、意思疎通することが少なくなってきていました。二人の間に子どもはいませんでした。確かに元妻は、仕事の都合で友人宅に泊まると言って、朝帰りすることはありましたが、自分としては元妻を信じており、通常の夫婦として家庭生活を営んでいると思っていました。ただ、過去数年間、性生活が途絶えていました。ただ、それは妻が夜に仕事をしており、深夜に帰宅したり、仕事で互いに疲れているためだと思っていました。

しかし、元妻の「親子関係不存在確認」の申立書には、申立理由として、婚姻が破綻しており、別居生活が過去数年間続いて、夫と会っていないため、二カ月前に出産した子どもは元の夫の子どもではないと記されていました。

そこで元夫は、回答書には、過去数年間性交渉はなかったため、出生した子どもは自分の子どもでないことを認めるが、ただ妻と別居中というわけではなかった、破綻状態だったとは思わないと記して、家庭裁判所へ返送しました。

裁判所としては、「親子関係不存在確認」は、男女の関係が完全に断絶していて会うことがなかったり、たとえ会ったとしても、まったく第三者的な会い方を屋外でしていたりというように、客観的に外形から判断して、男女の間で性行為がなされようがなく、そのことについて男女が合意しているという場合に、確認することができます。元夫の述べるところは元妻の述べるところとは大きく異なっています。元妻は帰宅していて、二人は離婚直前まで生活をともにしていたというのですから、「親子関係不存在確認」の要件を満たしておらず、手続を進めるわけにはいきません。

元夫側から嫡出否認を申立

ただ、元夫は生まれた子どもは自分の子どもではないということは断言しています。そこで元妻からの「親子関係不存在確認」の申立を取り下げてもらって、元夫のほうから、この子どもは自分の子どもではないという申立、すなわち『嫡出否認』の申立をしてもらうことが可能であれば、そちらの手続に切り替えるほうが適切に対応できるのではないかということになりました。

幸い元夫は寛容な人で、その申し出にこころよく応じてくれましたので、この子どもについて、法律的に父親と推定される元夫の子どもではないということが確認され、次に実際の父親とされる男性とこの乳児との間でＤＮＡ鑑定を行って、父子関係を確認し、認知を行って、この子どもの無戸籍状態が解消されることとなりました。

この章で取り上げた最初のケースでは夫婦が別居しているときに、二番目のケースでは単身赴任中とは言いながら実質的には別居状態に近いときに、妻が妊娠し、夫とは別の男性の子どもを出産しています。しかし、同居していても妻が別の男性の子どもを妊娠し出産間近なことに夫はまったく気がつかないというケースもあります。これが三番目のケースです。

この本の読者の方は夫婦関係の不思議さや、協議離婚の落とし穴に気がついていただくことができたのではないかと思います。また、離婚に関して思いもかけない多様なことが起こりうること、そして実際に起きていることについて認識していただけたことと思います。

第七章

親権者変更

1　子どもの同意

親権は変更できる

この章では再び「親権」を取り上げます。ただし、第四章とはまったく異なる局面に焦点を当てます。すなわち離婚時の親権者の指定ではなく、離婚後の親権者の変更について考察します。このことによって、どのようにすれば離婚後により幸せな生活を送ることができるか、について検討したいと考えます。

日本は世界の民主主義的な先進国においては数少ない単独親権制度を取っています。それが、とりわけ協議離婚制度と組み合わされることによって、離婚手続の際に親権を取得できなかった親が、いつの間にか子どもの人間関係のネットワークから排除され、その関係を途絶させられてしまう可能性が高くなっています。と言うよりも、それが実際に頻繁に起こっています。子どもが自分を愛してくれている人からその愛情を受けることができないというのは残念なことです。

子どもに対する愛情を持っているにもかかわらず、それを表出し、子どもに伝えてあげられないというのは、子どもにとっても親にとっても不幸なことであり、とくに子どもにとっては幸福度を低めることを意味します。親の離婚を経験した子どもに関して、別居している親との「面会交流が継続して行われている群の方が、面会交流が行われたことがない又は面会交流が中断した群と比べ、自己肯定感が高く、親子関係も良好であることを示しており、一般的に面会交流が継続的に実施されることは、子どもにとってポジティブな影響をもたらすことが示唆される」（直原康光他、二〇二一年　九頁）という調査結果等が報告されています。

親権は、離婚時にどちらか一方の親に決める必要があると、現在の日本の法律では定められています。しかし、離婚届を出すときにいったん親権者を決められると、その後はそれが固定されて永続するものだと思い込むのは早計です。

親権は変更しうるものです。そして、あまり知られていないようですが、実際に変更している人たちがいることを知っておくのは非常に有益です。どのような制度のもとでも、制度の欠陥を工夫して補い、問題解決を求めてたくましく生きていこうとする人々がいます。

子どもの同意も必要

親権を持っていない親が、現在、親権を持って子どもと一緒に暮らしている親の意向に反して、親権者の変更を獲得することは容易ではありません。この章の最後ではこうした類型の親権者変更のケースを紹介しますが、現在の親権者に大きな落ち度がない限り、不可能と言っても過言ではありません。しかし、二人の親が親権者の変更に合意していれば、家庭裁判所に申立を行い、それが**「子どもの利益のために必要があると認められれば」**可能です。民法第八一九条六項には次のように定められています。

第八一九条
6　子の利益のため必要があると認めるときは、家庭裁判所は、子の親族の請求によって、親権者を他の一方に変更することができる。

実務に携わった者の感覚としては、双方の親の合意があれば、子どものためになる、または子どもの利益に資するというレベルでも親権者の変更が可能になっているように思われます。

ケース7・1

〈年齢〉父親：四〇歳代前半　母親：四〇歳代前半
〈職業〉父親：自営業　母親：パートタイム
〈子ども〉長女：一七歳　長男：一五歳　次女：一三歳
〈背景〉現在の親権者は母親
〈経緯〉父親からの、三人の子どもの親権を母親から父親へ変更する申立

両親は一一年前に離婚し、その際、親権は母親が取得しました。しかし子どもたちは、実は三人とも、当初から、すなわち最年少の次女が二歳のときから、両親——子どもたちにとっては父方の祖父母——と暮らしている父親と一緒に生活してきていました。これまでは一〇年以上にわたって、同居していない母親を親権者としてさまざまな手続をしてきました。

しかし、今年度に予定される長男の中学卒業と高校進学、来年度に予定される長女の高校卒業と高等教育機関への進学、再来年度に予定される次女の中学卒業と高校進学などを考えると、やはり手続に不便だということで親権の変更の話し合いが父親と母親との間で行われました。その結果、母親も了解し、子どもたちも異論はまったくなく、父親から家庭裁判所に申し立てられました。

実は、母親は三年前に再婚しましたが、親権はそのまま持ち続けていました。母親から見たところ、子どもたちの生活は順調であり、気がかりなことは何もないとのことで、子どもたちとは月に一回か二カ月に一回会う関係でした。なお、父親は再婚しておらず、再婚した母親と新しい夫の間に子どもはいません。

一九九四年に日本は児童の権利条約を批准しました。児童の権利条約第一二条一項、二項には子どもの意見表明権が以下のように記されています。

1　締約国は、自己の意見を形成する能力のある児童がその児童に影響を及ぼすすべての事項について自由に自己の意見を表明する権利を確保する。この場合において、児童の意見は、その児童の年齢及び成熟度に従って相応に考慮されるものとする。

2　このため、児童は、特に、自己に影響を及ぼすあらゆる司法上及び行政上の手続において、国内法の手続規則に合致する方法により直接に又は代理人若しくは適当な団体を通じて聴取される機会を与えられる。

民法改正によって離婚時に親権者を決めたり、このように後に親権者を変更する際に、**子どもが一五歳以上の場合には子ども自身の同意が必要**になります。

家庭裁判所は、このケースについて、親権者（母親）と実際に子どもたちを世話している監護者（父親）との間で親権変更について合意があること、子どもたちの意向がすでに聞かれていること、子どもたちが現在暮らしている実際の家族形態や成育環境が変更されるわけではないことから、わざわざ裁判官が家庭裁判所調査官に調査命令を出し子どもたちの意向を改めて確認するまでの必要はないと判断しました。そこで、家庭裁判所からは同意書の用紙が一五歳以上の二人の子どもに送られました。

子どもたちは家庭裁判所から送られてきた同意書に、それぞれ親権を母から父へ移すことに同意すると子どもの自筆で記し、子ども本人が署名捺印して、家庭裁判所へ返送することによってその意思が確認されました。

親権と戸籍上の氏は連動しない

読者のなかには、このような親権の変更が行われた場合、子どもたちの氏（姓）はいったいどうなるのだろうかとか、戸籍はいったいどうなるのだろうかと不思議に思う方がきっといらっしゃると思います。

まず、離婚したときに、母親は自分が親権者となる子どもたちのこともあり、結婚していた氏（A）を名乗るという選択をし、その手続を取りました。次に子どもたちは母親の氏（A）を称するという手続をして、離婚によって新しく作られた母親の戸籍に入りました。したがって、子どもたちの氏に変更はありません。

それでは、母親が再婚したときにはどうなったのだろうかと新しい疑問が湧いてくる方もおられると思います。私は「入籍する」とか「戸籍に入る」という表現を好まないのですが、読者の皆さまにご理解いただきやすいように、この表現を用いて説明させていただきます。

母親は再婚にあたって、再婚相手である夫の戸籍に入りました。このことによって母親の氏は夫の氏（B）に変更されました。しかし、子どもたちは前の夫およびその両親と一緒に暮らしていることもあり、新しい夫と子どもたちを養子縁組するという考えはまったくありません。したがって子どもたちは、離婚時に母親が作った戸籍に残ったままです。

つまり、母親が再婚して以来、過去三年間は子どもたち三人だけの戸籍となっていたわけです。したがって、子どもたちの氏に変更はありません。確かに現在、母親と子どもたちの氏は異なっていますが、その戸籍には、子どもたちの親権者が母親であることは明示されています。母親が婚姻によってその戸籍から除籍されたこと、新しく入籍することとなった夫の氏名と本籍地も記載されています。したがって子どもたちと親権者である母親との関係が不明になってしまうということはありません。

読者の皆さまのなかには、離婚のことがふと頭に浮かんだだけではなく、もう少し先まで考えていらっしゃったり、再婚についても視野に入れていらっしゃる方もいると思いますので、氏（姓）と戸籍についても説明させていただきました。

今回、子どもたちは親権者が変更になるのに伴って、父親の戸籍（A）に入ることになると考えられます。ただ、子どもたちは、自分が同じ氏をそのまま使い続けられている舞台裏にはこうした手続があったことに考えが及ぶことはないと思います。

ケース7・2

〈年齢〉父親：四〇歳代前半　母親：三〇歳代後半
〈職業〉父親：自営業　　　　母親：会社員
〈子ども〉長男：一二歳　次男：八歳
〈背景〉母親が二人の子どもの親権を持って監護
〈経緯〉母親からの長男の親権者変更の申立

兄弟分離による親権者変更

離婚時、二人の男子の親権は母親が取得しましたが、今回長男の親権者を父親にすることは、母親のほうから提案しました。父親の了承を得て、母親が家庭裁判所へ申立を行いました。

母親が子どもたちを連れて家を出て実家で暮らしていましたが、長男は父親と暮らしたいと言って父親のもとへ戻って行ってしまいました。母親としてはショックでしたが、自分と暮らしているときに長男は不登校ぎみでしたが、父親のところからは元気に通学し、担任の先生からも生き生きと学校生活を送っているとの報告が来ています。母親としても、長男が学校生活に適応している様子を見たり聞いたりしており、長男が父親と生活するようになってよかったと思っています。

兄弟が異なる場所で生活することになり、そのことをかわいそうとみなす人もいます。家庭裁判所調査官は、これを「兄弟分離」と呼んで、子どもたちの親権について検討する際には、選択肢としては除外します。

しかし、このケースでは、母親によれば、次男は連休や長期の休みには父親の家へ行き、連泊を伴う滞在もして兄弟で遊んで交流の機会を持つようにしているとのことです。

母親は今振り返って考えてみて、**離婚によって家族がより幸福になれたと実感しています**。夫と結婚しているとき、夫の浪費をはじめとして絶えず衝突し、非常に激しい夫婦喧嘩をしばしばして、それを子どもたちに見せてしまっていました。しかし、離婚後はそうしたことがなくなり、自分も精神的に安定し、子どもたちにも穏やかな日常生活を提供することができるようになり、離婚したことは子どもたちにとってもよかった、と母親は述懐しています。

親権の変更について、母親から子どもに伝えましたが、変更に反対するという反応はありませんでした。なお、長男は一二歳のため、家庭裁判所が同意書を送って同意の意思を確認するということは行われませんでした。

ケース7・3

〈年齢〉父親：四〇歳代後半　母親：四〇歳代前半
〈職業〉父親：自営業　　　　母親：会社員
〈子ども〉長女：一四歳
〈背景〉父親が親権者として監護
〈経緯〉母親からの親権者変更の申立

子どもの意向が決め手に

両親が離婚したとき、子ども本人が父親と暮らすことを希望しました。そのため父親が親権者となって一緒に暮らしてきました。しかし、母親はかねてから子と一緒に暮らして監護するとともに、親権も得ることを希望していました。その目標を達成するため、母親は子どもと父親が生活している住居の近所に引っ越し、子どもが気安く母親宅に来られるように工夫しました。また、弁当なども作って持たせたり、学校からの帰宅先を母親宅となるようにし、夕食を提供するなどして母親宅に宿泊するように子どもを導いていきました（なお、父母ともに再婚していません）。

一五歳以上であれば、親権者の決定や、親権者の変更にあたって子どもの意思を確認することが必須になります。子どもは一四歳のため、まだ親権者を自分で選択できる年齢に達してはいません。しかし、親権者である父親の了承が得られたことと、中立人である母親から子どもに聞いてもらったところ、父母のどちらと一緒に暮らしたいかなどについて子どもから家庭裁判所調査官に話をしてもかまわないという返事が得られました。それを受けて家庭裁判所調査官によって「意向調査」が行われました。

「意向調査」は裁判官の命令によって行われるもので、**子どもがどちらの親を親権者とするのを望んでいるのかを調査すること**です。意向調査の際には、父母のどちらを選択するのかについて直接的に質問するのではなく、子どもの心が傷つかないように配慮して、周辺的な質問をしたり、行動観察したりすることによって、子どもの気持ちや考えを確認します。

父親については、自分のことを大切にしてくれ、進学などにあたって自分を一人の人間として扱ってくれ、自分の意見を尊重してくれてうれしいと長女は考えます。しかし、当初は中学の進学に関して母親とは考えが異なっていましたが、進学準備を具体的にする段階になると、母親が塾からの帰宅の際の迎えをしてくれたり、勉強で分からないところを教えてくれたり、夜食を準備してくれたりしてサポートしていました。

中学への進学後も部活動をはじめとしてさまざまな相談に乗ってくれたり、宿題について教えてくれたり、弁当を作ってくれたりするにつれて、いつの間にか母親の自宅に泊まることが多くなり、生活の中心が父親宅から母親宅へ移ってきています。以上のようなことから、長女は、父親へは従来通り会いに行くことを前提として、現在の母親との生活を継続したいと考えていることが判明しました。

子どもの意向が父親に伝えられると、現在の子どもの生活形態から予測していたことでもあり、親権者の変更が受け入れられることとなりました。

ケース7・4

〈年齢〉父親：四〇歳代前半　母親：三〇歳代後半
〈職業〉父親：自営業　　　　母親：会社員
〈子ども〉長女：一八歳　次女：一五歳　長男：一三歳
〈背景〉父親が親権者として監護
〈経緯〉母親から長男の親権者変更の申立

不登校の問題を解決

夫婦は三年前に離婚し、父親が親権者となって子ども三人を監護してきました。父親は自営業ですが、朝早く外出して仕事をし、その後自宅へ戻ってきても働くという職業生活のため、三人の子どもは放任気味で育てられてきました。その過程で、長男が不登校になりました。

母親は月に一回ほど子どもたちと会っていましたが、今後の高校進学のこともあり長男のことが心配になり、長男の親権を取得して自分と一緒に生活することを父親に提案しました。父親としても不登校のことが気になっていましたが、効果のある方策が見つからないままきたため、この案に賛成しました。長男自身からも同意が得られ、すでに母親と同居を開始しています。

兄弟分離になりますが、二人の姉はむしろ賛成しているとのことです。というのは、二人ともそれぞれ大学と高校への進学のための受験勉強の時期と重なっており、長男が不登校で昼夜逆転した生活をしていて、夜間に音響機器から大きな音を出したり、楽器を演奏したり、食事をしたり、その他の活発な行動をして非常に騒がしいため、生活のサイクルを乱されて勉学に集中できず困っていました。

監護親だけが親ではない

離婚した夫婦が話し合った結果、当事者間の合意にもとづいて、親権者の変更が家庭裁判所へ申し立てられることがあります。**夫婦の別れは、親子の別れを意味するものではありません。**子どもが社会的不適応になったり、（特に女子が）思春期の一定の年齢段階になったり、子ども自身の考えや志向が変わったときに、離婚した夫婦が相談し、協力して居住環境を変えたり親権者を変更したりすることによって問題解決を図ろうとすることがなされています。ただ、もし単独親権でなかったならば、もっと早い時点で互いに連絡を取り合い、早期により適切な対応を取ることが可能になったのではないかとも推測されます。

また、子どもが自分を監護している親権者と一緒に生活することを好まず、拒否して、親権を持っていない親の家へ脱出するケースも見られます（こうしたケースは第三章でも紹介しました）。これらのケースからは、親権を一方に定めるというのは親の勝手な取り決めであって、子どもたちは両方の親について、ともに親という認識を持っていることを読み取ることができます。

子どもを監護養育している親が、子どもと同居していない親の悪口を言ったり、知らず知らずのうちに表情や身振りで、否定的評価や悪感情を持っていること、侮蔑や嫌悪していること、さらには子どもに別れて生活している親とは会ってほしくないと思っていることなどの考えやメッセージを伝達したりしてしまわない配慮が必要と言えるでしょう。

とりわけ子どもと同居していたり、近くに住んでいて子どもの世話の一端を担ったり、子育ての手伝いをしている祖父母が、これらの点を守ることが重要です。

こうした配慮をすることによって、監護親やその周囲の大人たちの、子どもと別れて住んでいる親に対する悪感情が子どもに刷り込まれて、子どもが別居している親についての悪いイメージを形成して忌避するようになるのを防止することができます。さらに、子どもが、意図的、非意図的あるいは意識しないままに、同居している親への忠誠を示そうとしたり、同居親の意を汲んだり、同居親の意向を先取りした意思の表明や過同調的な行動をすることも防ぐことができます。子どもは別居親に対する正直な感情や考えの表明と、それにもとづいた素直な行為をすることができるようになると考えられます。

離婚した夫婦の協働によって、子どもの幸福実現のために親権者を変更することも可能なのですから、右のような配慮を行って子どもの利益のために協力し合うことによって、面会交流などもスムーズに実現することになると思われます。

2 裁判所による親権者変更

離婚した夫婦、子どもの父親と母親が協力して子どもの養育を行い、協調して親権者の変更を申し出るケースを取り上げて検討してきました。

ただし、まったく逆の状況、すなわち子どもをめぐってあまりにも父母が激しく対立していて、定められたことをきちんと守らないため、家庭裁判所が親権者の変更を決定したケースがあります。

こうしたケースの数は多くはありませんが、家族法の研究者や実務家の弁護士の間では有名な判例があります。判決文を引用すると長くなってしまいますので、ここでは判例データベースに記載されている「事案の概要」を引用して簡潔にご説明したいと思います。


申立人（父親）は、相手方（母親）が、事件本人（子）に対し、申立人を拒絶するよう仕向け、事件本人の福祉を侵害していること、相手方を親権者と指定する前提であった面会交流の実施が、相手方により妨害されていること、申立人には、親権者変更を求める以外に、面会交流の確保に向けて取りうる手段がないことなどを主張して、事件本人の親権者を変更する必要があることなどを理由として、相手方に対し、親権者変更及び子の引渡しを求めるとともに、相手方による面会交流の条件変更の申立ての却下を求めた事案において、親権者を相手方から申立人に変更するとした事例。

（福岡家裁　平成二六年一二月四日判決　親権者変更申立事件（第一事件）、子の引渡し申立事件（第二事件）、面会交流申立事件（第三事件））

このケースでは、親権者である母親が、子どもと父親との面会交流を妨害したために、裁判所は親権者を母親から父親に変更しました。

たとえ夫婦は離婚しても、父親と母親は子どもの利益と福祉のために協力して、面会交流などをきちんと履行し、離婚後においても、子どもを含めてそれぞれが幸せな生活を営み、人生を送ることができるように努める必要があることを、この章で紹介してきた複数のケースやこの判例は示しているように思われます。

第八章

面会交流

1　離婚調停最大の争点

面会？　交流？

親権を持っておらず、子どもと一緒に住んでいない親が子どもと会うことを、約一〇年前まで、家庭裁判所は「面接交渉」と呼んでいました。当時から、なぜ、子どもと会うのが「面接」「交渉」なのかと不思議でした。

「面接」という言葉を聞くと、企業の採用人事の面接が思い浮かびます。さらに「交渉」というのも、ビジネスの世界での交渉を連想させます。いったい自分の子どもと面接して何を交渉するのでしょうか。「面接交渉」というのは、子どもが主語や主体になっているのではなくて、ひょっとして親が主語になっていたのかもしれません。親同士が面接できるように交渉するという意味かもしれないと思ったりもしました。

現在は「面会交流」と呼ばれます。しかし、これも違和感があります。「面会」というのも、刑務所などの矯正施設とは言わないまでも、病院の患者との面会のような堅苦しさを覚えます。「交流」というのも「文化交流」のように異質なものが接触するイメージがあります。自分の子どもと会うだけのことなのに、なぜこのように堅苦しい言葉を用いるのかまったく理解できません。私自身これこそがお勧めという用語を思いつくわけではありませんが、会う主体が子どもであり、親子で楽しくくつろいで過ごすことが目的であれば、子どもにも理解できるような分かりやすく楽しい用語に変えられるべきではないかと考えます。

離婚するにあたって家庭裁判所が決める内容が調停条項です。十数年前の調停条項では面接交渉が、最後から二つ目、実質的には最後に書かれていました。

一番最後は「清算条項」と呼ばれているもので、この条項で取り決めた以外の請求を互いにしない、取り決められた事項のみについて義務を負うという形式的な条項です。したがって、おまけとまでは言いませんが、家庭裁判所はまったく重要視していなかったと言っても過言ではありません。

それが今や面会交流は離婚調停において最大の争点の一つとなっています。調停条項でも、現在は、親権、養育費についで三番目に書かれています。重点項目の一つとして認められるようになったことの表れと言ってもいいでしょう。

離婚から一〇年後の申立

面会交流の原型の一つと考えられる申立のケースを見てみましょう。

ケース８・１

〈年齢〉父親：四〇歳代後半　母親：四〇歳代前半

〈職業〉父親：会社員　　　　母親：公務員（非常勤）

〈子ども〉長女：一二歳

〈経緯〉父親からの面会交流の申立

夫婦は一〇年前に離婚しました。転勤を受け入れて妻子が同行するかどうかで意見が分かれ、実家のある郷里を離れて子育てをしたくない妻と意見が合わず、結局離婚となりました。父親は離婚後、複数の地域への転勤を経たのち、赴任先で新しい配偶者を見つけて結婚し、自分にとっても郷里である、元妻と子どもが住む地に戻ってきました。これを機会に子どもとの面会交流を求めて、家庭裁判所へ面会交流の申立を行いました。

実は、父親は今後のことを考えて、過去に転勤先からも、元妻に面会交流の話し合いをしたいと、数回接触を試みましたが実現しませんでした。当時、元妻としては、子どもはまだ父親の記憶が定着しない二歳以来会っていなかったため、せっかく父親は存在しないものとして母子家庭で落ち着いて生活しているところに、突然別れた元夫が父親として出現して母子関係が乱されることを警戒しました。

しかし、今回、母親から質問されると、子ども自身は父親に会ってみたい気持ちを抱いていることを明確に母親に伝えました。そのように子どもが答えたと母親も正直に調停の場で述べました。父親は、月に一〇万円の養育費を欠かさず払ってきました。子どもが中学生になったことから、今後の高校進学のことなどが気がかりになっていました。また、新たな配偶者との間にも子どもが生まれ、その子どもの成長を眺めるうちに、前の結婚でもうけた子どものことがますます気になるようになってきていました。

このケースでは、父親ばかりではなく子どもも父親に会うことを望んでいます。養育費も一〇年間にわたって滞りなく払われています。父親も問題のある人物ではなく、社会的に尊敬に値する職業生活を送っています。また、父親には、子どもに会うことによって、現在の子どもの家庭生活を崩壊させようという意図はなく、ましてや子どもを連れ去って自分たちの家庭で育てようという考えはまったくありません。

子どもと父母は、子どもが学校の授業がある期間中に父親とどのような頻度で会い、夏休み、冬休みや春休みなどの長期の休み中にどのような形で会うのかなどについて話し合うことになります。

取り決めが守られなかったとき

このケースは今後順調に面会交流について決められ、実行されることが期待されます。しかし、万が一、家庭裁判所で面会交流についてその時期や実施方法が明確に決められたにもかかわらず、子どもと一緒に住んで子どもを監護している親が、その面会交流の取り決めを守らないような場合は、どうしたらいいでしょうか。非監護親は、家庭裁判所へ、監護親は面会交流をきちんと実施せよと申し立てることができます。このような申立にもとづいて、家庭裁判所は監護親に面会交流の実施を勧告したり、命じたりします。

この命令にもかかわらず、監護親が、合理的な理由がないのに、非監護親と子どもが会うことを許そうとしないで、引き続き面会交流を妨害し続けるような場合、家庭裁判所は、監護親に「間接強制」を課すことがあります。間接強制とは、裁判所が面会交流を履行させることを目的として、監護親が面会交流を怠るたびごとに、一定の金額を非監護親に払わなければならないとするものです。

支払額は、監護親の収入と監護親の妨害の悪質さによって異なり、一回数万円のこともあれば、一回二〇万円ということもあります。（大阪高裁　平成三〇年三月二二日判決　間接強制決定に対する執行抗告事件）

間接強制はやはり最終的な手段であり、間接強制の決定を受けるまでもなく、子どもの福祉と利益を第一に考えて、面会交流が順調にスタートして継続することが期待されます。

2　ドメスティックバイオレンス

父親の言葉による暴力

第一のケースとして、子ども自身が父親と会うことを希望したり、父親と会うことを子どもが受け入れたりして、面会交流が子どもの成長に好ましい効果を与えると思われるケースを紹介しました。しかし、そのようなケースばかりではありません。

ケース8・2

〈年齢〉父親：五〇歳代前半　母親：四〇歳代後半
〈職業〉父親：会社員　　　　母親：主婦
〈子ども〉長女：一九歳　長男：一四歳
〈背景〉母親の申立によって離婚調停が行われたが、不成立

現在、別居中

〈経緯〉父親からの長男との面会交流の申立

このケースでは、まだ夫婦は離婚していません。したがって、子どもの親権は父親と母親の両方が持っています。

家族は昨年から別居しています。母親は長女が大学へ進学したのを契機に、長男を連れて家を出ました。現在、長女は大学二年生で、別の都市で大学生活を送っています。父親とは電話で話したり、メールのやりとりをしたり、帰省したおりに会ったり、父親が近くに出張したおりに会ったりしています。

父親は、会えなくなっている、母親と同居している長男との面会交流を家庭裁判所に申し立てました。

長女は公立の中学と高校に通い、自分が将来なりたいと希望する職業と結びつく学科のある大学へ進学しました。これに対して、長男は私立中学へ入学しましたが、不登校になりました。経済的にけっして裕福とは言えない家庭に育ち、苦学して大学を卒業した父親にとって、私立中学に進学しながらも不登校になっている長男は、わがままで、努力をせず、さぼっているとしか思えませんでした。部屋にこもってゲームをしている長男を強く叱責し、学校へ行くように厳しく指導しました。

その結果、長男の父親に対する反発は強くなり、父親にとっては蔑称としか思われない呼称を用いて父親に言い返し、激しい口論が行われることもありました。長男が不登校になって以降、父親の長男に対する発言はエスカレートし、「お前はダメだ」、「お前の人生はお終《しま》いだ」などとも言うようになりました。やがて長男は、食事を家族と一緒に取ることもなくなり、父親と言葉を交わすことはもとより、顔を見ることもしたくないと、部屋に閉じこもるようになってしまいました。

母親が、長男を連れて家を出た理由は、夫と一緒に生活していると長男に悪影響があると考えたからだけではなく、実は、結婚当初から見られた夫の自分に対する態度と行動によります。

夫は「自分はこの家の家長で一番偉い」と言い、妻に対して自分が収入を得て家計を支えていることを誇示してきました。ことあるごとに「誰に食べさせてもらっていると思っているのだ」、「お前も働いて、俺と同じくらいの収入を得てみろ」、「子育てさえろくにできず、能力のないくせに、一人前の口をきくな」というように専業主婦である妻につらく当たっていました。夫による妻への身体的暴力こそありませんでしたが、最大級の言語的暴力によるドメスティックバイオレンス（ＤＶ）が行われていたと言うことができます。

同様の傾向は子どもたちに対してもあり、子どもたちの使っている文房具についても「それは自分が稼いだ金で買ったものだから大切に使え」などと恩に着せる発言をしたりもしていました。

面会交流はさせないという判断

妻は、夫の自分に対する言語的暴力について、ＤＶの相談センターへ行って相談しました。さらに、その相談センターの助言にもとづいて、所轄の警察署を訪ね、緊急時の電話番号の登録を行いました。また、長男の状態について地方自治体の教育相談センターに行って相談したりもしました。

その後、母親が長男を連れて別居したところ、次第に長男は精神的に安定し、中学校の教師の指導を受け入れ、断続的ながら通学するようになりました。

父親は、長男の自分に対する拒否的な態度は、母親の自分に対する態度が反映されているためだと思っています。父親は、自分が長男と会うことによって、長男の意識が母親のマインドコントロールの支配下から脱し、自分への侮蔑的な態度や発言が改まるようにしたいと考えています。

しかし、こうしたケースでは、たとえ父親が長男と会うことを強く望んでいたとしても、家庭裁判所が、子どもの意思を無視して無理やり父親と面会させるようなことはありません。

父親と長女とのコンタクトは取れており、長女は父親から信頼を獲得しているとともに、長男との関係も良好です。（なお、父親は、長女は母親よりも自分になついており、自分をより信頼していると思っています。しかし、それは、母親が長女に父親との関係を良好に保つように要請しており、長女がその指示に従って父親との関係を維持しているためでした。もちろんプライドの高い父親は、長女が母親からの指示に従っているために、自分との関係が良好に維持されているとは思いもよりません。）

そこで長女から長男に対して、父親との面会を望むのかどうかを確認してもらい、その結果を父親に伝えてもらうことにしました。長女は長男の意思を確認し、それを上手に父親に伝達しました。父親は現段階で長男と面会することは不可能であり、逆効果であることを悟りました。

調停委員会としては、家庭裁判所調査官を関与させて長男に対して父親との面会交流に関する意向調査をするまでもないと考えていましたが、当初の予測どおりの結果となって終了しました。

確かに、面会交流が継続的に行われたり、いわゆる共同親権が導入されたならば、養育費が支払われなかったり、滞ったりするケースは少なくなると考えられます。滞納した場合に、養育費を強制的に徴収する制度の導入についても、当然のこととして賛同が得られるものと思われます。子どもが、同居していない親からも愛情を得たいという欲求を持っていた場合に、それを充足することができると考えられます。

しかし、言うまでもなく子どもが児童虐待の被害者である場合には、面会交流の実施も共同親権の適用も子どもの利益に反することであり、ありえません。また、配偶者間でDVが行われていた場合は、被害者である配偶者や元配偶者に危険が及ばないように、安全の確保を優先して考える必要があります。共同親権と類似の共同監護を定着させている欧米諸国でも、DVの問題についての関心が高まっており、被害者の安全を確保する制度や方策が工夫されるようになっていますので、それらから学ぶことが非常に重要な課題だと言えます。

3　実の親子の関係は切れない

養子縁組した子との面会交流

面会交流に関する第一は、離婚後、子どもの親権を取得した母親が再婚しないで、子どもの養育をしているケースでした。第二は、まだ離婚には至っていない共同親権下でのケースでした。

第三として、離婚後、妻が子どもの親権者となり、再婚しているケースについて取り上げたいと考えます。

結論から申し上げれば、多くの読者にとって意外に思われるかもしれませんが、父親と子どもとの関係に問題がなければ、父親は子どもに会うことができます。

母親が新しいパートナーと交際していようが、新しいパートナーと同居していようが、結婚して新たな夫を得ていようが、新たな夫と子どもとの間に養子縁組が行われていようが、二人の間に新しい子どもをもうけていようが、会おうと思えば、同様に父親は子どもに会うことができるのです。
そのようなケースを見てみましょう。

ケース8・3

〈年齢〉父親：三〇歳代前半　母親：三〇歳代前半
〈職業〉父親：会社員　母親：パートタイム
〈子ども〉長男：八歳　長女：四歳
〈背景〉母親は再婚
再婚と同時に新たな夫は子どもと養子縁組
〈経緯〉継父からの児童虐待を懸念して、父親が子どもたちとの面会交流を申立

元夫婦は約一年前に調停離婚しました。調停調書では、母親を親権者とし、非親権者である父親と二人の子どもとが「月に二回程度の面会交流をすることを認め、その具体

的な日時、場所、方法等については、子らの福祉に慎重に配慮して、当事者間で協議して決める」と定められました。また養育費として父親は月に子ども一人について一万五千円ずつ払うと決められました。

離婚から一一カ月して元妻は再婚しました。父親は、予想しなかった元妻の早期の再婚に驚くとともに、自分の子どもたちが新しい父親から虐待を受けるのではないかという心配を募らせました。安全確認のために面会交流を強く希望し、調停調書で定められた面会交流を履行するように家庭裁判所に面会交流の申立をしました。養育費は、子どもと母親の新しい配偶者とが養子縁組したことから、支払いの必要はなくなりました。

新型コロナウィルスの感染が拡大している時期であったこともあり、当初、感染を気にしながらも、近郊の巨大なショッピングモールで提供されている子ども向けの有料の遊び場で面会交流を行いました。しかし、そこにある遊具が幼児向きであること、子どもたちがそれぞれ異なる行動を取ることなどから、父親が一人で対応するのが必ずしも容易ではないときがありました。また有料であるため、費用の負担方法について意見が一致しなかったりもしました。

母親側の代理人弁護士から、家庭問題情報センター（ＦＰＩＣ）が主催している面会交流の利用が提案されたことも複数回ありました。しかし父親は、自由がなく室内で堅苦しく監視されている雰囲気で、子どもたちと楽しくのびのびと過ごすことができないという理由で拒否しました。母親も利用料が高額という理由で拒否しました。

　また、子どもたちは父親との面会のために時間をかけて決められた場所までわざわざ行くことをめんどうくさがりました。そのため、新型コロナウィルスの感染防止も考慮し、話し合いの過程でＺｏｏｍなどのインターネットのＷｅｂ会議ツールによる面会交流が提案されました。しかし、父親はあくまで子どもたちの姿を自分の眼で直接見て話をすることによって子どもたちの状態を確認することを望みました。そのため、回数を月に一回として、子どもたちが居住する住居の近くで、短い時間ながら直接会って言葉を交わすことによって面会交流を行うことになりました。

　父親は回数が減少し、時間が短いことに不満でした。しかし、父親の面会交流の主要な目的は、直接子どもたちに会って安否を確認できることと、どうやら自分の頑張っている姿を子どもたちに直接見てもらいたいということだったようです。実際にこの形で面会交流をやってみたところ、自分の目的が一定程度満たされることが分かったため、父親は当面はこの方法で面会交流することを了承しました。子どもたちのほうは移動時間を含めた拘束時間が短くてすむことに、また母親の側も同様に子どもの受け渡しの手間や負担が少なくてすむことに満足しました。

自分の子どもたちが新しい父親と養子縁組しても、また子どもたちの養育費を払っていなくても、子どもたちと面会交流ができることを、ぜひとも知っておいていただきたいと思います。

児童虐待の定義の拡大

以下では、この父親が懸念し、ぜひとも子どもに会って安全を確認したいと考える動機となった児童虐待について見ておきたいと思います。その発生状況、その特性および防止方法について、ケースを参照することによって考えてみましょう。

児童に対する虐待の定義も、夫が妻にふるうことが多いDVの定義と同様に拡大してきました。社会問題の研究者が「ドメイン拡張」（ジョエル・ベスト）と呼んでいることが、児童虐待に関しても、DVに関しても起きています。ある概念が含有する対象や、ある概念が指し示している現象が拡大していくことが「ドメイン拡張」です。

DVは、その初期には身体的暴力を指していましたが、言語的暴力も含まれるようになりました。児童虐待も当初の物理的暴力やネグレクトに加えて、言語的な虐待も、また夫婦の言い争いを子どもに見せることも含まれるようになりました。

しかしここでは最も防ぐことが必要な、子どもの命が奪われてしまう重大な児童虐待のケースについて考察したいと思います。その理由は、離婚後に、子どもと一緒に住んで、子どもの監護を行う親権者になれなかった、またはならなかった親が子どもとの面会交流を継続的に行うことによって、児童虐待を防止したり、早期に発見したり、抑止したりする力になると考えられるからです。（なお、子どもと別居したり、子どもを監護していない親と子どもとの関係に問題がない場合に限られることは、言うまでもありません。）

以下の児童虐待のケースの記述にあたっては、筆者の主観が入り込むことを防ぐために、判決文や裁判要旨などを引用することによって考察を進めます。

4　虐待の悲劇は防げなかったのか

結愛ちゃん事件

大きなニュースになって、人々の関心を集めた児童虐待事件として、二〇一八年三月に東京都目黒区で起きた「結愛《ゆあ》ちゃん事件」があります。結愛ちゃんは当時五歳。虐待を行ったのは三三歳の継父と二五歳の母親でした。

この事件について、判例データベースの裁判要旨には次のように記されています。

（第1）被告人は、妻であった分離前の相被告人Bとともに、被告人らの子であるCに対し、必要十分な食事を与えずに、同児を栄養障害が著しい状態に陥らせるとともに、健常児の平均体重よりも大幅に体重を下回らせてその免疫力を低下させ、細菌感染を惹起しやすい状態にさせたほか、暴力を振るうなどの虐待を加えていたものであるところ、（1）その虐待の一環として、被告人ら方において、同児（当時五歳）に対し、その身体にシャワーで冷水をかけ、顔面を両手の拳で多数回殴るなどの暴行を加え、よって、同児に全治不詳の左右眼窩上部皮下出血等の傷害を負わせ、（2）同児が嘔吐し、極度に衰弱するのを認めたところ、Bと共謀のうえ、同児に前記虐待を加えていた事実が発覚するのを恐れ、同児にわずかな飲食物を与えるのみで、医師の診察などの医療措置を受けさせず、もって同児の生存に必要な保護を与えず、よって、同児を低栄養状態及び免疫力低下に起因する肺炎に基づく敗血症により死亡させ……（中略）……たとして、保護責任者遺棄致死、傷害……（中略）……の罪で懲役一八年を求刑された事案で、罪となる事実をいずれも認定し、被告人を懲役一三年に処し……（中略）……た。

（東京地方裁判所　令和元年一〇月一五日判決　保護責任者遺棄致死事件）

この事件では、子どもの継父への謝罪文が人々の涙を誘いました。

もうパパとママにいわれなくても　しっかりとじぶんから　きょうよりかもっとも

っと　あしたはできるようにするから　もうおねがい　ゆるして　ゆるしてください
おねがいします
ほんとうにもうおなじことはしません　ゆるして　きのうぜんぜんできてなかった
こと　これまでまいにちやってきたことをなおす
これまでどんだけあほみたいにあそんだか　あそぶってあほみたいだから　やめる
から　もうぜったいぜったいやらないからね　ぜったいやくそくします　あしたのあ
さはぜったいにやるんだとおもって　いっしょうけんめいやるぞ

（読売新聞　二〇一八年六月七日　朝刊）

なお、この手紙文は、実は、母親が、もうこれ以上継父からしつけという暴力を結愛ちゃんが振るわれなくてすむようにと、一緒になって指導して書いたものであることが、裁判の公判で明らかになりました。

継父は結愛ちゃんに行ったことをしつけの一環と考え、一生懸命父親の役割を果たそうとしたのかもしれません。自分が結愛ちゃんの父親であることの権威を示し、父親であることを実感し、確認しようとしていたのかもしれません。それゆえ自分の指示に従わず、その成果を見せない結愛ちゃんへの暴力がだんだんエスカレートしていったのかもしれません。

しかし、結愛ちゃんは、児童相談所の職員に「前のパパがよかった」と述べていました。やはり、結愛ちゃんが「前のパパ」にも会えるような手立てが必要だったのではないでしょうか。そのことによって継父も、養子縁組した子どもに対して父親として全責任を負っていると思い込む必要はなくなると思われます。子どもが安全に新しい家庭生活を送っているのかをチェックする機能も働きます。結愛ちゃんが死亡に至るような事態は避けえたのではないかと考えられます。

交際相手による虐待死事件

男性によって引き起こされる児童虐待死事件は、数の上では父親によるものが第一位を占めます。二〇〇三年から二〇二〇年までの調査では、父親によるものが一五・三％で、継父または養父によるものが二・四％です。しかし、母親の交際相手によるものが四・三％あります。なお、父親と母親の共犯によるものが八・四％、継父・養父と母親の共犯によるものが一・六％、母親の交際相手と母親の共犯によるものが二・二％あり

ます。(社会保障審議会児童部会児童虐待等要保護事例の検証に関する専門委員会、二〇二二年)

数としては実父によるものが継父・養父や交際相手による場合よりも多いが、全国における実父の数は継父の数よりもはるかに多く、確率で見るのならば継父・養父が加害者であるほうがはるかに高いと推定されます。同棲したり、半同棲であったり、頻繁に訪ねて来て宿泊していったりする交際相手の数は把握できませんが、やはり同様に実父による虐待死よりも高いと推定されます。虐待死の実数から考えてみると、おそらく継父・養父による虐待死よりも交際相手による虐待死のほうが実数ばかりではなく、確率も高いのではないかと想定されます。

本章では、そうした交際相手による虐待死事件のなかから、筆者が裁判を傍聴した——おそらく読者が子どもの死亡に至る事件の意外な実相に驚かれると思われる——一つの児童虐待死事件を取り上げることとしたいと思います。なお、以下の記述は地方裁判所の判決文を当時の傍聴メモで補ったものです。

虐待していたのは男子高校生だった

この児童虐待死事件は、二〇〇三年九月に一八歳の少年によって起こされました。被害にあって命を落としたのは四歳の男児、母親は二七歳でした。ニュースの第一報を聞いたときには、強面《こわもて》の非行少年が、女性にストーカー的に付きまとって起こした事件かと思われましたが、裁判で出てきた事実はまったく違っていました。

女性がパートタイムとして勤めていたファーストフード店に少年がアルバイトで勤め始めたのが出会いの始まりでした。女性はパートタイムながら店長代理の役割をしていました。アルバイトの面接と採用も担当しており、少年を気に入ったようでした。女性はたまに子どもを店に連れてきており、少年を含めてアルバイトの店員には子どもがいることは知られていました。

女性のほうから少年に声をかけて誘っていましたが、少年の好みではないため無視していたところ、勤め始めて八カ月くらい過ぎた高校一年生の終わりころカラオケに母子と一緒に行くことになりました。子どもが眠り込んでしまったので、子どもを自分のマンションへ運んでくれるように母親から依頼され、マンションまで運んだところ、女性から迫って性行為が行われました。

その後も誘われましたが、女性には交際相手がいるのを知っていたので、誘ってくる女性に嫌悪感さえ持って避けていました。一年後くらいに断りきれずにマンションへ行き性関係を再び持ち、その後女性が交際していた男性との婚約を破棄したことから、二〇〇三年六月くらいから頻繁にマンションへ呼び出されるようになりました。マンションへ行かないと少年の家の近くまで行くと言われたり、包丁を手首に当てたりされたため、仕方なく訪ねるうちに、学校も不登校になり、マンションにいて子どもと一緒にいる時間が増えていきました。判決文にも次のような記述があります。

殊に、B——子どもの母親のこと（引用者注）——の強迫的な言動のため、望まないBとの関係を継続せざるを得ず、その関係を絶つことも困難になっていた状況が加わったことにより引き起こされたという側面があること、Bには、高校生であった被告人に対して強引に関係を迫り、被告人が嫌がっているのを知りながら上記のような強迫的な言動を用いてまで関係を継続させた事情が認められ……（以下略）。

（名古屋地方裁判所　平成一七年四月一九日判決　傷害致死、暴行事件）

アルバイト先が二四時間営業のファーストフード店であったためとも考えられますが、

少年の両親は、少年が女性宅で宿泊しているとは思いもしなかったとのことです。子どもには発達の遅れの兆候がみられたようです。少年から見ると、子どもが母親によってきちんとしつけられていないと考えられたため、手洗いやはみがきをはじめとした、しつけを始めました。言う通りにしないため暴力をふるって言うことをきかせようとするようになりました。言うことをきかせようとして暴力がエスカレートし、子どもへの暴力を止めようとして、女性が子どもと少年の間に割って入り、女性が骨折するということが起きたりもしました。

子どもは保育園に通園していましたが、一度あざがあったため、保育士が子どもに尋ねました。最初は転んだと言っていましたが、やがて母親ではなくお兄ちゃんに叩かれたと答えました。保育園は区役所の児童課に連絡し、児童相談所の職員が来て保育園の職員と話し合いが行われました。園では、一八歳の少年と二七歳の子どものいる女性という、今までに例のない組み合わせにとまどうとともに、保育園が通報したとなると母親と保育園との信頼関係が崩れてしまうという考えが示されたため、保育園の職員から少年を遠ざけるように指導を行うこととなり、園長と母親との話し合いが行われました。

子どもにあざが発見されたのはそのとき一回であり、その後も子どもは登園していることから、指導の効果があり、経過は良好と考えていました。

致命傷となった暴力のきっかけは、母親が子どもと一緒にマックシェイクを二個買って帰って来たことでした。少年がそれは誰の分かと母親に聞いたところ、自分と少年の分だという答えが返ってきました。少年がその答えに満足しないで、子どもに問うたところ答えなかったので、それに答えろと言っているうちに、答えない子どもに対して暴力がエスカレートしていきました。子どもの異変に気がついて一一九番通報しましたが、搬送された病院で、一時間後に肝右副腎裂開による出血性ショックで死亡しました。

少年は傷害致死で逮捕されて、家庭裁判所から検察官送致され、地方裁判所で裁かれ、懲役三年以上五年以下の不定期刑という判決が下りました。母親に対しては、分離公判で傷害致死のほう助で裁かれ、懲役二年執行猶予三年の刑が下りました。少年は地方裁判所の判決で確定しました。母親は高等裁判所へ控訴しましたが棄却となりました。

この事件は、少年ばかりではなく母親の裁判も時間の許す限り傍聴しましたが、あくまで傷害致死事件で少年を、そのほう助で母親を裁くための刑事裁判であり、子どもの父親のことは出てきていなかったように思います。また、この児童虐待死事件は二〇〇三年に起きた事件であり、当時はまだ離婚後の父親との面会交流などについて注目されることがなかったため、言及がなかったのかもしれません。

しかし、子どもと父親との面会交流が継続的に行われていたならば、早い時点で少年の暴力に気がつき、この事件を防ぐことができたに違いないと思われます。

〈ケース8・1〉で紹介したケースからも分かるように、たとえ母親の再婚相手と子どもが養子縁組したとしても、また子どもの養育費を払っていなかったとしても、父親は自分の子どもに会うことができます。子どもと一緒に住んでおらず、親権や監護権を持たないほうの親が、離婚後も子どもとコンタクトを取り続けることが、子どもの安全と幸福のために必要かつ望ましいことと考えられます。

大阪二児置き去り死事件

結愛ちゃん事件のように、継父による虐待死事件が人々の注目を集めましたが、実は、児童虐待によって子どもを死亡させる事件の圧倒的多数は、母親によって起こされています。

心中以外の虐待死における主たる加害者は、二〇二〇年は実母が二九人で五九・二％を占めます。二〇〇三年から二〇二〇年まででは、心中以外の虐待死の五四・六％が実

母によって行われています。（社会保障審議会児童部会児童虐待等要保護事例の検証に関する専門委員会、前掲報告、二〇二二年）

社会的注目を集めた母親による子どもの虐待死として、二〇一〇年七月に大阪市西区で発生した二名の子どもが犠牲になった事件があります。「大阪二児置き去り死事件」等と呼ばれている事件です。この事件では、二三歳の母親が、三歳と一歳半の子どもに食事を与えたり世話をすることなく約五〇日間、勤務先の寮のマンションに置き去りにして餓死させました。風俗店に勤務するこの女性は、その間、ホストの交際相手等と遊び歩き、その楽しんでいる姿をＳＮＳにアップしたりもしていました。

事件については、著者の主観を交えないために、少し長くなりますが、判決文を引用したいと思います。

まず、女性の結婚、二人の子どもの出産、親権者となっての離婚、その後名古屋で務め始めた様子が述べられている部分を引用します。

被告人は、平成一八年一二月に元夫であるＡと結婚し、平成一九年五月一六日に長女Ｂ（死亡当時三歳）、平成二〇年一〇月一六日に長男Ｃ（死亡当時一歳）を出産し

て幸せな家庭を築き、三重県内で暮らしていた。ところが、平成二一年五月、被告人が浮気をしたことでAとの関係が悪化し、被告人は、Aと離婚するに至った。被告人は、BとC（以下「Bら」という。）を引き取って親権者となり、名古屋市で、キャバクラ勤めをしながら子育てをする生活を始めたが、同年九月頃には、託児所に預けようとするとBらが熱を出すことが続いたことから、託児所に預けずにBらを自宅に置いて勤めに出るようになった。その後、被告人は、同年一〇月頃から、Bらを自宅に置いたまま当時交際していた男性と会って、度々外泊をするようになった。

（大阪地方裁判所　平成二四年三月一六日判決　殺人事件、以下同じ）

次に大阪へ移って風俗店に勤め、ホストと出会って以来の生活の様子です。

平成二二年一月、被告人は、大阪市内の風俗店で勤務するようになり、Bらとともに、本件事件現場である大阪市a区bc丁目d番e号所在のマンション、g号室に入居した。しかし、被告人は、大阪に移り住む以前から、一人で夜の仕事をしながら子育てをすることに限界を感じており、そのような生活からの逃げ場を求めるように、同年三月頃から、客として来た男性と交際を始め、仕事が終わった後、その男性が勤めるホストクラブに頻繁に通うようになった。間もなく、被告人は、Bらを自宅リビングに放置したまま、その男性方に連日外泊し、Bらにコンビニで買った飲食物を与えるために短時間だけ自宅に帰るという生活をするようになった。

事件の約一カ月前くらいからの子どもへの対応です。ホストとの交際が続き、マンションへ帰宅することが少なくなり、最終的に放置して餓死に至らせた事件以前にも、子どもに二、三食分を与えただけで一週間から一〇日間放置したりもしていました。

平成二二年五月一六日、被告人は、その男性方にBらを連れて行ったが、結局、Bの誕生日を祝うことなく過ごした。被告人は、Bの誕生日を祝ってやれなかった、Bらに寂しい思いをさせないようにしないといけない、離婚しなければよかったなどと思う一方で、そういう現実を考えること自体嫌だという気持ちが一層強くなっていき、この日以降、徐々に帰宅しない期間を長期化させ、Bらを風呂に入れるなどの世話もしなくなった。被告人は、同年六月九日の直近では、同日の一週間から一〇日前に自宅に帰ったが、その際も、Bらの前に、二、三食分の飲食物を開封するなどして置いていくにとどまった。
Bらは、被告人から適切な養育を受けられなかったことによって、慢性的な低栄養状態に置かれ、遅くとも平成二二年五月一六日当時には、手足が痩せ細り、顔も無表情になるなど、被虐待児特有の症状が見られるようになっていた。

女性が子どもたちを部屋の外へ出られないようにするため扉にテープを貼り、少量の食糧を与えるのみで、水さえも摂取できない状態にして立ち去ったときの様子と、その後子どもたちが餓死したことが述べられます。なお、女性が再びマンションに戻ったのは、勤務先の上司からの電話によって帰宅せざるをえなくなった約五〇日後でした。

被告人は、平成二二年六月九日に帰宅し、コンビニで買った蒸しパン、おにぎり等を開封するなどして、自宅リビングにいるBらの前に置いた。その際、被告人は、ゴミと糞尿が散乱した極めて不衛生な室内でBらが相当衰弱している様子を目の当たりにし、被告人のほかにBらの育児をする者はおらず、必要な食事を与えなければBらが死亡する可能性が高いことを認識したにもかかわらず、水道設備がなく、空の冷蔵庫が置いてあるリビングと廊下との間の扉に粘着テープを貼って固定し、さらに玄関ドアに鍵をかけ、Bらが出てこられない状態にした上で自宅から早々に立ち去った。そして、それ以後、被告人は、同月下旬頃までの間、Bらに食事を与える手立てを取ることもないまま、帰宅することなく放置し、その結果、同月下旬頃、Bらをいずれも脱水を伴う低栄養による飢餓により死亡させて殺害した。

虐待死を防げた可能性

判決文には、少なくとも認定された事実しか書かれてはいないと言うことができます。しかし、もともとは被告人を処罰するためのもの、すなわち処罰を正当化する目的で書かれているものです。したがって被告人の情状とか、被告人に有利になるようなことはあまり書かれていません。

しかし、そうした性質を持つ判決文においてさえ、子どもが虐待死に至ることを防げる契機が二つあったと考えられることが示されています。

第一の契機は離婚時です。離婚が決まったときのことを判決文は以下のように述べています。

もっとも、被告人が離婚して子供らを引き取ることが決まった際、子供らの将来を第一に考えた話合いが行われたとはみられず、このことが、本件の悲劇を招いた遠因であるともいうことができ、被告人一人を非難するのはいささか酷である。

女性の浮気をめぐって家族会議が持たれたときに、夫婦にとっては思ってもみなかった離婚という結論に決まってしまったと言われています。

そこでは、女性が、夫の「家族に甘えない」で、「子どもは自分が責任をもって育てる」等の誓約がなされたとのことです。

しかし、たとえ親は離婚しても、子どもについては、父親は、子どもに会うことも含めて子育てに関与して共同して育てていくという基本的な姿勢が示されることが必要だったと言えます。

シングルマザーが子どもを養って生活していくことは容易ではなく、経済的に困窮する可能性があることは明らかです。少なくとも父親からきちんと養育費が払われて経済的なサポートを行うという約束こそがなされるべきであったと考えられます。

第二の契機は、判決文で以下のように述べられている個所です。

同じ頃、長男の誕生日に元夫に対し子供連れで動物園に行こうと持ちかけたが、断られてしまったことや誰からも祝いの電話等がなかったことなどから、被告人は、徐々に孤立感を強めていったものと認められ、これらの心情等については、多少なりとも同情の余地があるといえよう。

女性は、長男の誕生日に何かをしてあげたいと元夫に連絡を取って働きかけました。しかし、元夫はそれを断ってしまっています。

子どもと会って子どもへの愛情を伝えたいと切望しながらも、監護親である母親の反対によって子どもに会うことを制限されている父親から見ると、監護親である母親から子どもの誕生日に子どもに会ってほしいという連絡を受けることは、夢のまた夢のような非常にうれしい申し出ではないでしょうか。

元夫である父親が、離婚後も子どもたちの養育に関して、監護親となっている元妻である母親と共同して責任を持っていたならば、こうした事件は防ぐことができたのではないでしょうか。子どもたちともきちんと定期的に会って、関係を継続していたなら、こうした事件は起こりようがありません。

以上紹介してきた複数の児童虐待事件からも、子どもと別居したり子どもを監護していない親と子どもとの関係に問題がなく、離婚したのちであれば元夫婦間に、離婚以前であれば夫婦間にＤＶがない場合には、次のように言うことができます。

子どもと別居したり子どもを監護していない親が離婚後も子どもとかかわりを持つこと、夫婦がたとえ離婚しようとも親子の絆が絶たれないこと、同居していない親がきちんと子どもたちに会い、子どもたちへの愛情を表現し確認する機会を持つことが、有意義であり必要なことと考えられます。

第九章

認知

1　中立人が未成年の場合

認知の申立は誰がする

子どもの「認知」が申し立てられる基本的な類型は次の三つです。第一は若者同士のケース、第二は中高年男性に対して求められるケース、第三は外国人女性によって申し立てられるケースです。

最初に若い男女のケースについて見たいと思います。ただ、その前に一つだけ確認しておきたいことがあります。

一〇歳代および二〇歳代初めに結婚したカップルの離婚率が、他の年代で結婚したカップルの離婚率より高いことが指摘されています。第一章で確認したように、確かにこれは事実です。

しかし、これは問題の一端を見逃してしまっているように思われます。というのは、ほとんど気づかれていませんが、一〇歳代または二〇歳代前半は認知の申立も多いように見受けられるからです。子どもはシングルマザーのもとで人生をスタートさせます。
こうしたケースの一つを見てみましょう。

ケース9・1

〈年齢〉男性：二〇歳代前半　女性：一〇歳代後半
〈職業〉男性：アルバイト　女性：学生
〈子ども〉長女：〇歳
〈経緯〉女性が未成年のため、その父母が代理で申立

認知の申立は認知を求める本人が行います。この場合だと女児です。しかし、〇歳の新生児に自分の意思を伝達する能力はありません。また、言うまでもなく未成年です。したがって、この子どもの親権者である母親が代理して行うことになります。「申立人法定代理人親権者母」です。

しかし、このケースでは、母親自身が一七歳で、まだ未成年です。そのため母親自身

も、まだ自分一人で契約を行ったり、自分で裁判所に訴訟を提起したり、裁判所に申立を行ったりすることはできません。そのため、この申立は、母親の親権者であるその両親が代行することになります。「申立人親権代行者父母」です。

親権の内容として、子どもを監護し教育を受けさせること、住居を指定すること、職業を許可すること、財産を管理することに加えて、**法律行為を代理して行うこと**があります。

二人の未成年が関与している認知のケースの申立の手続をご覧いただきました。このことによって、親権の内容の一つである「法律行為の代理」について、それが何を意味し、実際にどのように使われるのかについてご理解いただけたことと思います。

自分の子どもでないと主張する男

さて、一〇歳代および二〇歳代前半の認知のケースは、二つのタイプに分かれるように思われます。一つは、あえて言えば男性がハンサムでかっこいい場合が多いように見受けられます。もてるためか、自分に近づいてくる女性と容易に性行為を行うことが可能と推測されます。確かに自分は性行為を行ったが、女性は複数の男性と性行為をしているのでとか、自分よりも深く付き合っている他の男性がいるのでという理由で、自分の子どもとは考えられないと言って拒否する場合です。

もう一つは、男女が恋人同士の場合です。性行為を行い、妊娠を望んでいなかったが妊娠し、今後どうするか二人で逡巡して、人工妊娠中絶をためらっているうちに月日が経ち、出産することになったケースです。女性が認知の申立を行ったのは、男性の親が結婚に反対していることによる場合が多いように思われます。

親としては、たとえば息子はまだ学生で、精神的に未成熟だし、経済的にも自立していないので、まだ結婚するには早すぎるといって反対しているようなケースです。この場合は、交際していた期間に女性が性行為をしていた相手は息子だけではなく、また息子が妊娠させたのではないかもしれないという思いが断ち切れず、DNA鑑定で客観的な証拠が得られてから認知させたいと考えたりもします。また男性自身も自分の子どもだという確信が持てない場合もあります。

認知のためにDNA鑑定などを受けることに同意し、自分の子どもだと判明した場合には、学生にはほとんど収入がないため、少額の養育費を毎月振り込むよう決められることになります。女性は、実家で母親らの援助を受けてシングルマザーとして暮らしていくことになりますが、こうしたケースではとりわけ女性の父親の怒りには激しいものがあります。

男性が今後、大学や専門学校を卒業し就職したのちには、女性から「養育費増額」の申立が家庭裁判所になされると予想されます。男性は、収入に見合った養育費を、子どもが二〇歳または大学等に進学した場合には二二歳まで払うことになります。

2　社会的地位の高い相手

第二の類型は、中高年男性が申立の相手方となる場合です。実業界や経済界で活躍する、経営者や企業の役員が一般的ですが、医師、政治家やまれに弁護士自身のこともあるようです。

〈年齢〉男性：六〇歳代前半　女性：三〇歳代前半
〈職業〉男性：企業経営者　　女性：派遣社員
〈子ども〉一人：一〇歳
〈経緯〉母親である女性が法定代理人親権者母として申立

現在の経済情勢や企業経営にアカウンタビリティ（説明責任）が求められる時代には、おそらく以前のように潤沢に交際費を費消することは容易ではなくなったと考えられます。それでも、実業界でそれなりに名前の知られた企業で高い地位を占めていたり、中小企業の経営者の男性が、夜の接待の世界で知り合って関係ができ、女性との間に子どもができたような場合です。時の流れとともに、やがて関係が疎遠になっていって、手当が途絶えたり、サポートが十分ではなくなってきたときに、子どもやそれを代理する母親から認知の訴えが起こされる場合があります。こうした場合、相手の女性は男性の実の娘とほぼ同じくらいの年齢だったりすることもあります。

これらの男性は、収入も多額で、社会的地位が高いことが多いため、世間に知られないように、さらに家族にも知られないようにして認知を行うことを希望します。家族としては、たまたま戸籍を取り寄せたときに、家族メンバー以外の人が認知されていることが判明したりします。ただ、戸籍を一見しただけでは分からないような工夫がなされたりもします。そうした場合には、本人が死亡したときに、認知されていた子どもが姿を現したり、認知されている子どもがいることが判明したりして、遺族が驚愕することになります。

さらに、この種類の認知の申立は、男性の生きている間に起きるとは限りません。経済的に豊かな男性で、戸籍上の妻以外の女性との間に子どもができ、その母子と家族生活を送っていたのだが、予想していなかった時点で男性が死亡し、遺産相続の問題が発生したときです。その子どもが生前に認知されていなかった場合、死後に認知を求めます。こうしたケースは、最終的に訴訟となり、その場合、人事訴訟の被告の席には、公益の代表者として検察官も座ることになります。

3 「瞼の父」を求める外国籍の子ども

国際結婚における離婚

第三の類型は、今回、この本で今まで取り上げることを控えてきた渉外ケースです。すなわち日本人と外国人とが関係したり、外国人同士の場合です。外国人と日本人のケースでは、東南アジアから来日した女性が日本人男性との間に生まれた子どもについて、日本人男性に認知を求めるものが最多です。

渉外ケースは、どこの国の法律を適用するのかという準拠法の問題が発生します。日本で離婚できたことになったからといって、配偶者の国で離婚が認められるためにはさらなる手続が必要になることもあります。南米の異なる国の国籍を持っている夫婦の調停離婚を担当したこともありますが、日本からは同質的に思われる南米の二カ国の家族法が微妙に異なっており、興味深いものでした。

渉外ケースはさまざまな要因がからんでいて、日本社会の特徴を浮き彫りにしたり、国際社会における日本の地位の変遷を象徴したりしていて、非常に示唆に富むところがあります。しかし、この本は日本人の方で離婚のことをふと思ったり、離婚のことが頭をよぎったりした方に対する示唆を提供することを第一の目的としています。したがって、おそらく国際結婚なさっておられる方は少数と推定されますので、一ケースに言及するのみにして、詳しくは別の機会に論じさせていただきたいと思います。

ケース９・３

〈年齢〉男性：六〇歳代前半　女性：五〇歳代前半（現在の年齢）
〈職業〉男性：不明　　　　　女性：不明
〈子ども〉二〇歳代後半（現在の年齢）
〈背景〉子どもはフィリピン国籍
　　女性が三〇年ほど前に来日していた当時に妊娠した子ども
〈経緯〉子どもが学生として来日して認知を申立

フィリピンからの留学生

フィリピン女性による認知の申立は、一般的には子どもの出産後、間もない時期に行われます。しかし、このケースは出産後三〇年近くを経過しています。

提示したデータからお分かりのように、フィリピン女性は約三〇年前に日本へ来てしばらく生活していました。当時知り合った日本人男性との交際によって妊娠して出産した子ども（男性）が、三〇年近くの時を経て日本へ来て、認知の申立を家庭裁判所に行ったケースです。

母親はこの男性を妊娠したときに、日本人男性と結婚していたわけではありませんでした。しかし、フィリピン女性は日本人男性と非常に親しい関係にあり、妊娠を日本人男性に知らせたのちフィリピンに帰国して、この男性を出産しました。その後、フィリピン女性は再び日本へ来ることはありませんでしたが、出産後もしばらく日本人男性と子どもについて連絡を取り合っていたとのことです。

この男性には日本人的な名前が与えられています。男性は留学生として来日し専門学校に就学しています。留学生および国際交流の支援団体の援助を受けて、弁護士が付けられ、今回の申立を行いました。国際化時代における「瞼の父」を求める道程と言ってもよいかもしれません。

日本人男性は家庭裁判所からの呼び出しと、その後の家庭裁判所調査官——家庭裁判所ではどういうわけか出頭勧告は調査官の仕事となっています——からの出頭勧告にもかかわらず家庭裁判所へ出頭する気配はなく、調停は不成立となりました。ただし、これは予想されたことでした。というのは、離婚にせよ、認知にせよ、訴訟を起こすためには、まず家事調停を申し立てる必要があるからです。これは「調停前置《ぜんち》主義」と呼ばれています。

男性は訴訟を起こすことになりました。訴訟を起こしたとしても、相手の日本人男性は引き続き出廷することはないだろうから、DNA鑑定できる見込みもなく、どうしようもないではないか、というように思われた読者の方が多いのではないでしょうか。

でも、手はあるのです。実は、日本人男性はこのフィリピン女性と交際したのち、別のフィリピン女性と結婚していました。そのときに出生した子どもたちがDNA鑑定の際には協力するという意思をすでに表示しています。異母兄弟姉妹の血液と申立人の血液とを照合することによって、やがて親子関係の有無が明らかになるものと考えられます。

以上、認知の三類型から一ケースずつ紹介しました。ここには、さまざまな男女の人間模様の一端が示されていると言うことができます。

これ以外に、離婚後の生活を幸せに送るためには、しないほうがいい認知があります。

次節で取り上げるケースは、実は、家庭裁判所に「認知」として申し立てられたものではありません。「離婚」の申立のなかで顕現してきたものです。わが国の認知制度の特徴、認知制度の思わぬ使われかたが明らかになるケースなので、ご紹介したいと思います。

4　認知は取り消せない

実子でないのに認知した父親

このケースの情報をご覧になって、一見したところでは、読者の方は何も違和感を持たれないのではないでしょうか。ただ、この章の「認知」というタイトルと今まで読んでこられた内容から、予感が働く方がおられるかもしれません。

ケース9・4

〈年齢〉男性：三〇歳代前半　女性：二〇歳代後半
〈職業〉男性：会社員　　　女性：主婦
〈子ども〉妻は二人の子ども（長男と次男）を連れて結婚（再婚）
　　　現在の夫婦の間にできた子ども＝長女：三歳
〈経緯〉女性から離婚の申立

女性に子どもがいてその女性と結婚する場合、女性の子どもに戸籍上の父親がいない場合に——おそらく女性の求めに応じて——行われる認知があります。

女性が、一〇歳代や二〇歳代前半で妊娠して出産し、認知を求めたものの、男性に拒否されたり、逃げられてしまうということが起きたりします。すなわち、その子どもの父親が誰か確定することができなかったり、誰が父親なのか目星がつかなかったケースです。女性は正直に語っていないだけで、実際には、ひょっとして風俗業で仕事をしていて、妊娠し、出産したために、父親が不明というようなこともあるかもしれません。

いずれにしても、戸籍の父親の欄が空欄になっています。

男性としては結婚相手の女性が困っているのが十分に理解でき、自分の女性への愛情の証として、女性の望む最大限のことをしてあげたいという気持ちにかられます。そのため、「認知」というのは血縁上の父子関係を前提としている制度であるにもかかわらず、自分が知り合う以前に生まれた女性の子どもを自分の子どもとして認知するケースがあります。

実は、これはさほど珍しいことではありません。出生から何年も経ったのちに、実際とは異なる「実の父親」が現れ、自分の子どもだとして認知が行われるということになります。著者も、一人ならず複数の子どもを認知した男性のケースを知っています。

このケースでは長男について、自分の子どもではないが認知を行い、次男については実父がすでに届けられていたので養子縁組を行いました。そのときの男性の心理としては、自分が認知すればすべてうまくいく、自分たちの家庭が順調にいくものと考えたと思われます。

しかし、自分たちの家族が、ほどなくして離婚へ向かうということもありえます。もし、長男と認知ではなく養子縁組をしていたのであれば、離婚時にその子どもを以前の父親が不明の状態へ戻すことができます。しかし認知をした場合、男性との間には法的に父親と実子の関係が確認されたのであり、**いったん行われた認知は取り消すことはできません。**

民法第七八五条は次のように定めています。

第七八五条　認知をした父又は母は、その認知を取り消すことができない。

一生父子関係が続くことになります。それもまた一つの人間の人生ではありましょうが、結婚には離婚という将来の選択肢が常に用意されていることを考えると、いささか早計だったように思われます。

このケースでは離婚にあたって、夫はおそらく本音では自分の実子である長女（のみ）の親権者になることを希望したと推測されます。ただし、それは兄弟姉妹不分離の原則から、また長男を認知していることから、認められる可能性がないと分かったため、三人の親権者となることを提案したと思われます。しかし結果的には、父親がすべて異なる三人の子どもたちの親権はまとめて女性が取得することになりました。

男性は自分との結婚が、配偶者にとって一生で最後の結婚となることを願って、結婚と同時に長男の認知と次男との養子縁組を行ったと考えられます。男性は配偶者の女性のことを、心が素直で、異性から優しくされるとその人の要求を拒否できない性格だと述べています。

結婚にあたっては、情熱のみに突き動かされるのではなく、**今回の結婚が最後で一生続くものとは限らない**ことについて、冷静に認識した上で結婚する必要があります。将来、離婚するという決断が好ましい選択肢となる事態が発生するかもしれないことを認識し、離婚になった際には離婚が混乱なく行われ、新たな生活がスムーズに開始されるようにするのが望ましいと言えます。少なくとも結婚時点において最低限の配慮をすることが肝要だと考えられます。そのときの情動に流されて、自分の子どもではない子どもを安易に「認知」してしまわないことです。

認知は無効にできる

以上、認知について説明してきましたが、少し脅しすぎたかもしれません。

実は民法第七八六条には次のような条文があります。

第七八六条　子その他の利害関係人は、認知に対して反対の事実を主張することができる。

二〇一四（平成二六）年三月二八日の最高裁判所の判決で、この条文の「その他の利害関係人」に認知した父親も含まれるということが示されました。したがって、認知を取り消すことはできませんが、認知を無効にすることはできるようになりました。

判決文では以下のように述べられています。

認知者は、民法七八六条に規定する利害関係人に当たり、自らした認知の無効を主張することができるというべきであり、この理は、認知者が血縁上の父子関係がないことを知りながら認知をした場合においても異なるところはない。

（最高裁判所第二小法廷判決　平成二六年三月二八日　認知無効確認請求事件）

したがって、〈ケース9・4〉の男性は、自ら行った認知の無効を申し立てて認めさせることができますし、とりわけ、もし今後、離婚した（元）妻がこの男性以外の男性と再婚し、再婚した男性がこの長男と養子縁組をしたような場合は、最高裁判所の判例と同様に、認知を無効にすることができます。ただ、重大な法律行為を行う場合には、やはり十分に熟考することが必要です。

（なお、認知については、国会で二〇二二年一二月に成立した改正民法の施行とともに、以下の変更が行われます。その第一は、子どもの知る権利を侵害しないように、認知されたということを子どもに分かるようにすることです。第二は、日本人男性が外国人女性の子どもに対して虚偽の認知という不正をはたらかないようにさせる、というものです。）

養子縁組も慎重に

男性が、自分の子どもではないにもかかわらず、血縁上の父子関係を前提とした「認知」を行うことは珍しいケースのように思われるかもしれません。しかし、実は同様の心理的メカニズムは、より一般的に見られます。それはこのケースで次男に対して行われ、一般的にも行われている養子縁組です。結婚相手の子どもに愛情を持って接するということと、結婚相手の子どもと養子縁組をすることとは異なります。

結婚に際して、必要以上に過酷な負荷を自分に課さないこと、そこまでは果たすことが期待されておらず、それを満たすことが不可能な役割を自分に与えてしまわないように注意することが必要です。過剰な役割期待を継父である自分に課すと、それが虐待という結果をもたらしがちになることは第八章でも確認しました。

養子縁組の場合は離婚時には「離縁」によって結婚以前に戻すことができますが、その際、子どもは父親を失うことになってしまいます。筆者は四人以上の異なる父親に育てられたというか、父親が四回以上替わった子どもを知っています。その少年は、絶えずびくびく大人の顔色を窺い、緊張して落ち着かず、大人の意向を表情や片言隻句《へんげんせきく》から窺い知ろうとしていることが伝わってきて、非常にかわいそうな思いにかられました。

たとえ自分が養子縁組しても、親権や監護権を取得できなかった実親が愛情を持って子どもに接し、関係を維持することを望んでいるのであれば、可能な限りそれが維持されるような工夫をすることが望ましいと考えられます。二人の間で生まれた子どもについては、離婚したのち、父母のどちらかが主要な監護者となったとしても、もう一方の親も子どもとの関係を維持し、その子の養育に努めていくことが、長期的に見て――日本が批准した国際条約を遵守し、子どもの権利を保障するという観点からも――必要と考えられます。

第一〇章

住宅ローンの課題

1　家を建てたいのなら

家やマンションを購入する前に

家事調停には、「エッ‼」と思わず声が出てしまうケースが寄せられます。一つは、世の中にはこういう男女の関係があるのか、世の中はここまで進んでいるんだと知らされるケースです。想像を絶するような、通常では思いつくことができないような奇想天外な男女の関係、家族の関係が築かれているような場合です。こうしたケースは、その斬新さに絶えず度肝を抜かれ、驚かされることになります。

もう一つは、こんなことをしたら損をするのに、どうしてわざわざ人はするのだろうかと思わされる場合です。こうしたケースは、最初はたいへん驚かされます。しかし、類似したケースをその後いくつも扱うことになるので、人間とはそうしたものなのだと考えるようになります。

しかし、読者の方はそれぞれ一回きりの貴重な人生を送っておられ、こうしたことを複数回経験したり、数多く目撃することはないと思います。そのため、この本で情報を提供し、事前に注意を喚起し、気をつけていただくのは非常に有意義なことだと考えます。

それは、新築の家を建てたり、家やマンションを購入して間もないうちに離婚するケースが非常に多いということです。教訓としては、「配偶者と長い間または一生——住宅ローンや子どもの教育費等のために生活レベルが下がっても——**結婚生活を続けるという確実な見込みを持ってからしか、家やマンションを購入してはいけない**」となります。

家族関係と家庭環境を確立しようとする、家を建てるという行為と、家族関係と家庭環境を解消しようとする離婚とは相反する行為であり、鮮やかな対比を見せます。しかし、この二つが、セットと言わないまでも、時を経ずして起きるというのが現実です。さらに、家を購入するときには、ほとんどの場合住宅購入のためのローンを組んでいますが、このローン負債をいったいどうしたらいいのかという重大な、しかも解決が容易ではない問題が持ち上がります。

共有財産は折半

なお、結婚後早期に、家を買ってもいい場合もあります。その第一の場合は、**全額を一括で支払う場合**です。ただし、高額な買い物ですので、このように一括で払うということは数少ないと思われます。いずれにしても、全額を一括で払っていれば、借金は残っていません。家はプラスの財産となっています。家や預貯金などを含めて分け合えばいいのです。

主たる収入源が夫——妻であってもいいのですが——だったとした場合、夫（または妻）が「この家は自分の給料で建てたのだ。家の所有名義も自分になっている。だから自分がもらう権利があるのだ」と言ったとしても、それは通用しません。たとえば夫婦のどちらかの親が亡くなって相続した遺産など自分固有の財産——これを「特有財産」と言います——を除いて、**結婚してから取得した金銭や築いたりした財産は、夫婦の共有財産になります。共有財産は基本的に平等に折半することになります**。したがって預貯金も口座の名義がどちらであれ——結婚前から個人として持っていた所持金である特有財産を除いて——折半することになります。

家やマンションも同様です。家を建てたり、家やマンションを購入したときに、自分の親から資金援助を受けた場合は、その分については特有財産になりますので、その分を除いて折半することになります。家具についても、もし結婚前に妻が買って——昔風の言葉を使えば、花嫁道具ですが——家族で使っているような場合、それも妻の特有財産です。

離婚時に、それまで夫婦で築いてきた財産——これを「共有財産」と言います——を分け合うにあたっては、家、預貯金、株やその他の金融資産等を合計して、折半します。家や土地については、多くの場合時価によります。不動産業者に見積もってもらったり、争いがあれば不動産鑑定士に鑑定してもらったりします。

その上で、たとえば夫婦の一方が家を取得し、他方が現金などを取得するということになります。しかし、共有財産に占める家の割合が大きすぎて、平等に分けられないという場合、家を取得したほうが、自分の特有財産から、代償金として、もう一方に現金を支払うことによって均衡を取ります。家の取得を埋め合わせるだけの財産を持っていなかったり、双方が家を要らないという場合は、家を売却して、財産を分け合うことになります。

結婚後早期に、家を買ってもよい第二の場合は、**住宅ローンの金利が低く留まってい**

る一方、土地や家屋の価格が大幅に上昇しているような場合です。先ほど、結婚して築いてきた夫婦の財産は名義のいかんにかかわらず夫婦共通のものだと述べました。しかし、それは負の財産にも該当します。

家の名義が夫（または妻）になっていて、家のローンの名義も夫（または妻）になっているから、ローンの残額は夫（または妻）だけの責任で、自分は関係ないというわけにはいきません。負の財産も夫婦が共同で築いてきたものとみなされます。いずれにしても土地家屋が値上がりしているような場合、いざとなれば家を売ってローンの残額を支払って清算すれば、少なくともいくばくかの金が手許に残ります。それを含めて共有財産を折半すればいいのです。

しかし、現在の日本では、資材の高騰によるインフレーションが起きていたとしても、経済の成長に伴って土地や住宅が大幅な値上がりを持続していくという趨勢にはありません。こうした経済情勢において、離婚にあたって、ローン付きの家は大きな桎梏《しっこく》となります。離婚とともに多額の負債を抱えての破産が待ち受けていると言っても過言ではありません。そうした危機を回避することに成功したケースを見ていくことにしたいと思います。

2　重い婚姻費用

ケース10・1

〈年齢〉夫：三〇歳代後半　妻：三〇歳代前半
〈職業〉夫：会社員　　　妻：パートタイム
〈子ども〉長男：八歳　次男：五歳
〈背景〉家を購入して一年二カ月後、妻が子どもを連れて実家に戻る
〈経緯〉妻からの離婚の申立

離婚までの大きな負担

家は夫が子どもたちの成長のことを熟考して購入したものでした。場所も妻の実家の近くで、妻が実家との往来がしやすいように配慮した場所を選びました。夫にとっては

妻と間取り等についても十分に相談して、長い期間をかけて、二人で合意して選択した家でした。当初は、妻も乗り気で、頭金として三〇〇万円を実家から融資してもらっていました。夫としては、今までの借家暮らしを脱し、独立した一人前の家族として生活を築き上げているという認識と誇りを持っていました。しかし、予期しなかった妻の行為によって、それは一方的で独りよがりのものだったと気づかされることになりました。

夫は家の購入にあたっては最初から十分に協議したつもりでした。しかし、大学の理科系出身で、先端技術の中堅企業に勤務する夫による根拠を示した意見に妻はあらがうことはできませんでした。夫として最も合理的であると考えて、最善で最適と思われた結論が、妻から見ると、夫が自分の考えを一方的に押しつける過程そのものに思われました。家に関するディスカッションのなかで実力の差を見せつけることになった夫は、日常生活においても、無意識のうちに従来とは異なる言動や態度を妻に対して取るようになりました。本人にそうした意識はなかったかもしれません。しかし、今までと違った自信に満ちた夫の言動は、傲慢で言語による虐待のように感じられました。ただし、夫からの身体的暴力はありませんでした。

妻は家庭と子どもを大切にしたいという考えの持ち主で、今まで外に働きに出ることは控えていましたが、家を購入しローンの支払いや塾などの費用が生じることになったため、パートタイムで働くことになり、十分に子どもの世話ができていないと感じるようになっていました。このことも夫との家庭生活に対する不満となっていきました。

妻は、子ども二人を連れて実家へ戻りました。今後実家で両親に子どもの世話を助けてもらって子どもを育てていくつもりでした。当初、自分が好まない夫の考えにもとづく家へ帰って住むことは強く拒否しました。しかし、実家には両親以外に未婚の弟と妹が住んでおり、いざ暮らし始めると自分が予想していたほどに人間関係が円滑には進行しませんでした。

他方、夫は、家を妻の実家の近くに建てた理由として、妻の両親の援助を受けることについては許容的というよりも支持していました。ただし、何よりも実家の建物が非常に古くなっているため、耐震強度が脆弱だと認識しており、安全ではないと強く意識していました。もし大地震が発生したときに子どもたちに被害が及ぶことを非常に心配していました。そうした事態を避けるため、妻子が実家に住むことについては絶対にやめてもらいたいと考えるとともに、せっかく子どもたちの成長過程やその後のことを考えて購入した家を無駄にしたくないという強い願望を抱いていました。夫からの強力な説得もあり、最終的に妻は自分たちが購入した新居に住むことに合意しました。

約二九〇〇万円の残高があるローンを夫が責任を持って支払っていくことになりました。養育費に関しては、子ども一人当たり三万円とすることが決まりました。養育費は、それぞれの子どもが二〇歳になるまで——大学等に進学したときは二二歳まで——支払うこととなりました。

妻と子ども二人が住むにあたって、妻は三万円の家賃相当額を払うことになりました。九万五千円のローンが実質的には六万五千円となり養育費六万円を加えて、毎月一二万五千円の支払いですみます。これであれば自分が住むことになる賃貸マンションの家賃を払ってもなんとかやっていけると夫は考えました。

離婚が決まるまで別居した場合、夫婦で収入が多いほうの人物は、収入が少ないその他の家族メンバーが自分と同等レベルの生活を送れるように保障し、援助する義務があります。これが「**婚姻費用分担**」の考えです。一般的には「婚姻費用」、略称では「婚費」と呼ばれています。婚姻費用として、夫は月額一一万円を妻子のために払ってきていました。毎月の出費としては、これに加えて住宅ローンの支払いが毎月九万五千円、自分が賃貸しているマンションの家賃が八万円、これに光熱費などが約一万円、妻の分も含めた携帯電話代やインターネットの月額使用料などが約一万五千円かかります。これだけでも約三一万円になります。

今まで密かに貯めてきたなけなしの貯金を取り崩して支払い、何とか生活していましたが、もうこれ以上は続けられないと切羽詰まった状態と気持ちになっていました。離婚すれば婚姻費用が養育費に変わります。しかも家賃相当額を差し引くことができるようになりました。別居時には婚姻費用と住宅ローンで二〇万五千円払っていたものが、離婚して養育費と住宅ローンとなり家賃相当額を控除すれば、一二万五千円になります。支払額が月額八万円減ることは大きな魅力です。実は、これが当初、離婚について難色を示していた夫が、離婚を受け入れることに合意した――途中からむしろ早期の離婚を望むようになった――大きな潜在的理由の一つです。

婚姻費用のカラクリ

最後の章になりましたので、右のことに関連して、ここで家庭裁判所の家事調停の秘密の一つを開示したいと思います。家事調停の隠された手と言っていいのかもしれません。婚姻費用と養育費の差額を用いて、調停を成立させる方法です。ただし、私はこの方法を使わないようにしてきました。

おそらく裁判官も、月々に成立させる件数が成績の一つとしてカウントされるようですので、成立件数を気にしないではすまされないと思われます。

調停委員から、とりわけ離婚を申し立てられた相手方である男性に対して、養育費を下げようとしても、交渉期間が延びるので、その延長した分、養育費よりも高額な婚姻費用を払わないといけないため、早く決めたほうがあなた自身にとって得ですよ、といった発言がなされることがあります。でも、それはほんとうに当事者のために言っているのかと言えば、そうと（ばかり）は言えません。早くこの案件をまとめ、成立させたい調停委員自身の実益が主な動機となっているように思われます。そのほうが有能な調停委員として評価されることになりますし、なによりも継続案件をできるだけ早く一件減らすことができます。それは、自分のためばかりではなく、その事件を担当している裁判官にも貢献することになります。

婚姻費用についても、養育費についても一定の幅があります。その幅の枠に入れば適切とみなされます。あえて言えばその幅の上のほうに婚姻費用を設定したならば、大多数の場合は夫（父親）から妻（子どもと同居している母親）に対してより多く婚姻費用は払われますので、母親と子どもの生活は少しでも豊かなものになります。このことは子どもの福祉に貢献することになります。しかし他方で父親の負担を増やすことになります。いずれにしても、高めの設定は、父親に婚姻費用の支払いを早く終えて、養育費へと移りたいという動機付けを与えることになります。一見したところでは、養育費の支払い義務者の自主的な意思のように思われ、本人自身もそう考えているでしょうが、促進要因は調停委員によって埋め込まれていると言うこともできます。

過去に家庭裁判所で、成立率について幹部裁判官から表立って語られたことがあります。他の家庭裁判所の数値を出して、それらと比較してこの家庭裁判所の成立率は低いので、頑張って高めてもらいたいというものでした。ベテランの調停委員のなかには、当事者はそれぞれ事情が異なるので、自分たちはきちんと当事者の話を聞いて、当事者が納得する合意が得られるように努めているのに、どうしてそんな数字にそれほどまでにこだわるのか、といった疑問が述べられたりしました。離婚の申立がなされたからといって一概に離婚を成立させたほうがいい案件ばかりとは限らないのに、どうしてそのような数値に意味があるかのようにみなされて独り歩きするのか、という声も聞かれました。ずいぶん以前のことになりますが、そのときの情景や、勇気を持って発言された調停委員の姿が瞼に焼きついて離れません。

その後、調停において、調停の各回ごとにどのような内容を取り扱い、どのような手順を踏んで、調停を迅速に進め何回目までにまとめ、あるいはめどをつけるかというモデルが提示されたりもしました。家庭裁判所にも効率化の波が押し寄せているように思われました。

問題の先延ばしか、熟考期間か

最近、家庭裁判所の調停で「当面別居」の選択を推奨するようなアナウンスがもたらされました。「当面別居」とは、離婚という最終結論に至るのではなく、当面の間別居するということで調停を終了するというものです。

以前から「当面別居」の個別の書式がなかったわけではありません。ただ、全体の調停条項を記した最も中心的な書式のなかの一つの選択肢として「当面別居」を選ぶことができるというようにはなっていませんでした。成立の一形態として——あるいは成立に準ずるものとして——「当面別居」が認められるようになったと推察されます。

筆者も過去に「当面別居」で終了としたことがあります。ただし、「当面別居」というのは、話がまとまらないときの弥縫《びほう》策の一つに思われて、問題を先延ばしにするだけであって、それで終了するのが、何か恥ずかしいことのように思われ、ためらわれたということもあります。

しかし、現在、それで一件が成立したということになれば、調停委員、そして裁判官にとっても有益な方法です。

当事者たちが十分に納得していないのに、慌ただしく成立へと持ち込む必要はなくなります。さらに、中立人の意向に沿って離婚へと突き進むのではなく、当事者が熟考できる機会、冷却期間を置くことができます。韓国等で制度化されている熟考期間を、実質的に取り入れようとしているとも言えます。

「当面別居」は以前よりあったものの、使うのに躊躇される傾向があったところ、このようにより公式化されれば、当事者にとってもメリットがあります。ただし、早めに終了させる一方法として「当面別居」が利用される可能性もなくはありません。もし結論や成立を急いだ拙速主義を押し進めたために問題が発生し、その行き着いた先が、この「当面別居」という選択肢の公式化と推奨だとしたら、皮肉な結果に至ったというように見られなくもありません。

一つ一つの案件に誠実に向きあい、当事者の意向を尊重し、子どもを含めた当事者の最善の利益に貢献するように、当事者の納得を得て調停することが、家事調停委員と家庭裁判所裁判官の使命であることが改めて認識される必要があると言えます。

3 オーバーローン問題

家は売れない

読者には不思議に思われる方がいらっしゃると思います。離婚したのに、なにも家族が今までの家に住み続け、すでに家族ではなくなった元夫がそのローンを払い続ける必要はないではないか、家を売りさえすればいいではないか、と。答えとしては、家は売れないのです。なぜなら、売ったならば、非常に多額の損失が出るし、そもそも売れるかどうかさえも分からないからです。

自分たちが住宅資金として貯めてきた金に双方の親からの援助を含めて一〇〇〇万円を超える初期費用をかけ、税金などの支払いも含めて四〇〇〇万円を超える額を使って買った家が、今売るとなったら二五〇〇万円を切る額でしか売れない。残ローンのほうが住宅の売値よりも高額となる。読者の皆さまのなかにも、この言葉をお聞きになった方がいらっしゃると思いますが、いわゆる「オーバーローン」の状態です。売ろうにも売れません。裁判所としても、夫婦の財産分与を取り決めたくても、負の財産は分けようがないと考えます。

第一のケースは、いったん家を出て実家へ戻った妻子が、実家での生活が最初に想定したようには順調にいきそうになかったこと、他のマンションを借りた場合の家賃などを比較して購入した家に住むことを了承したことから、話がまとまった、幸運なケースだと言ってよいでしょう。

好ましくない夫との思い出があり夫の面影がある家には住みたくないという場合、そもそも夫と縁を切りたくて離婚をするのに住居の関係で引き続き夫とつながり続けるのはまっぴらごめんだと考える場合、家の鍵を替えたくらいでは、いつまた夫が戻ってくるかもしれないと考えると不安でたまらないから住みたくないという場合、夫が今は払うと言っているが、今後住宅ローンを払わなくなる可能性を想定するとリスクが高いと考える場合など、妻の抵抗感が強いのが一般的です。

第一のケースでは根本的なところでまだ（元）夫に対する信頼の念が失われてはおらず、子どもたちのことも考えてそうした不安を乗り越えたと考えられます。さらに、（元）夫が子どもを思う気持ちばかりではなく、（元）夫の両親も孫たちに愛情を持っていることを（元）妻が素直に受け入れ、面会交流で子どもたちが父方の祖父母と会うことについても（元）妻の了解が得られたのは、特筆すべきことと言えます。

4 連帯保証人になっていると……

婚姻費用の強制執行

住宅ローンをめぐっては、残念なケースは数多く起きています。

ケース10・2

〈年齢〉夫：三〇歳代前半　妻：三〇歳代前半

〈職業〉夫：会社員　　　　妻：アルバイト
〈子ども〉長男：一〇歳　長女：八歳
〈背景〉妻は子どもを連れて別居
〈経緯〉妻から離婚の申立
　婚姻費用についても妻から申立がなされ、先に成立

夫婦はまだ離婚には至っておらず、離婚を前提とした別居段階です。数年前に購入した家の所有者の名義は夫で、住宅ローンの借り手も夫となっています。

夫の話によれば、別居にあたっての話し合いでは、妻と子どもは現在の家に引き続き住むということでした。しかし、妻と子どもはしばらく住んだものの、援助を受けたい妻の実家から遠く離れているということで、その家を出て、より実家との往復がしやすい場所にマンションを借りて住んでしまいました。夫は、妻から婚姻費用を請求された場合には、そこから住宅ローンのうちの相当額を家賃として差し引いて渡す心づもりでした。しかし、それは皮算用で終わってしまいました。

離婚と婚姻費用についての調停が妻から家庭裁判所へ申し立てられました。家庭裁判

所としては、**離婚について決着までに時間がかかりそうな場合は、婚姻費用の調停のほうを離婚の調停よりも優先して進めます。**婚姻費用は、まさに現在、母親と子どもが生活していくための糧として必須の収入だからです。

婚姻費用について調停では夫婦の合意が得られなかったため、家事審判に移り、裁判官によって毎月支払われるべき婚姻費用の額が決定されました。

しかし夫は、購入した住宅に妻が子どもとともに住み続けると約束したことにこだわって、約束を破ったことに腹を立てていました。さらに、実際に家のローン、自分の家賃や生活のための費用を支払うとほとんど余裕がなくなるため、定められた婚姻費用を払いませんでした。

婚姻費用を受け取ることができず、生活が非常に苦しくなった妻は、家庭裁判所へ申し立て、家庭裁判所から夫に婚姻費用を払うように勧告する「**履行勧告**」を出してもらいました。しかし、夫から婚姻費用の振り込みはありませんでした。そのため今度は家庭裁判所から夫に婚姻費用を払うことを命令する「**履行命令**」を出してもらいました。夫は、これに対して非常に少額の婚姻費用を一回支払っただけでした。残念ながら、家庭裁判所の「履行命令」では、相手がそれに従わず、婚姻費用を支払わなかった場合に、制裁を課したり、強制的に取り立てることができません。

たった一回の少額の婚姻費用では、妻の生活にとっては焼け石に水の状態でした。家庭裁判所の働きかけによっては夫に婚姻費用を払わせることはできないと考えた妻は、思い切って弁護士に依頼しました。

弁護士は、今度は家庭裁判所ではなく、地方裁判所へ申し立て、**強制執行**の手続を取りました。このケースに関して、強制執行とは、具体的には溜まっている婚姻費用を強制的に取り立てることです。地方裁判所から強制執行の許可を得た弁護士は、夫が勤務する会社の人事課と交渉しました。交渉の結果、夫の給与から婚姻費用を差し引いて妻の銀行口座へ毎月入金されることになりました。

婚姻費用の強制執行の非常に有利な特徴は、支払いが溜まっている過去の婚姻費用のみではなく、今後払うことになっている将来の婚姻費用についても差し押さえて払わせることができることです。

溜まっている婚姻費用については高額になるため分割し、現在の婚姻費用については全額、さらに今後の婚姻費用についても、夫の給与から差し引いて妻の銀行口座へ毎月入金されます。妻の口座には毎月、差し押さえできる上限である、夫の月給の二分の一までの額が婚姻費用として振り込まれることになりました。

保証会社からの呼び出し

夫は銀行と交渉して、家を売りに出す許可を得ました。ただし、家を売りに出すにあたって、銀行と取り決めた条件の一つは、家が売れるまでは、住宅ローンを確実に支払い続けるというものです。夫によれば、家はその後売りに出したとのことですが、売れる気配がありません。しかし他方で、夫は、自分の給与から強制的に取り立てられる婚姻費用、自分の住居費、生活費などの負担に耐えかねて、住宅ローンを二回以上滞納してしまいました。そのため、住宅ローンの債権は銀行から保証会社に移りました。すなわち、住宅ローンの残額について保証会社が夫から強制的に取り立てる権利を獲得したということです。

実は、妻は、夫が住宅ローンを二回以上滞納し、住宅ローンの残額の負債が銀行から保証会社に移ったということを、保証会社から知らされました。というのは、保証会社から妻に、保証会社に出頭して相談するように、もし相談に来ない場合は家を競売に掛けるという通告が郵送されて来たからです。妻としては突然の通告にいったいどうしたらいいのかとパニック状態となりました。妻に通告が送られてきた理由は、妻が住宅ローンの連帯保証人になっていたためです。

家は夫の名義で、ローンも夫の名義でしたので、妻は自分が連帯保証人になっていることを失念していました。妻の資産は乏しく、毎月夫が勤務する会社から婚姻費用が振り込まれるようになったものの、子どもを二人抱えて、アルバイトでなんとか生計を立てている状態です。

家が競売で売却された場合は、市場価格よりもはるかに安い値段で売却されることになります。市場価格で売れたとしても、借りている住宅ローンの全額をカバーできないところ、競売で売却されたならば、確実に多額の借金を背負い込んでしまうことになります。今後、夫ばかりではなく、妻も大きな負担を強いられることが予想されます。

5　オーバーローンでも成功したケース

夫から妻へのローンの借り換え

〈ケース10・1〉とは異なる方法で、家の保持に成功したケースです。

ケース10・3

〈年齢〉夫：三〇歳代前半　妻：三〇歳代前半
〈職業〉夫：会社員　　　　妻：団体職員
〈子ども〉長男：六歳　長女：三歳
〈背景〉妻の雇用は安定している
〈経緯〉妻からの離婚の申立

上手に危機を乗り切る方法としては、ローンの借り換えを行う方法があります。このケースは最も成功した事例の一つと言ってもいいでしょう。

家は共有名義でしたが、ローンは夫の名義で組まれていました。家をもし売却した場合は、その売値よりも現在のローン残高のほうが多額となる「オーバーローン」状態でした。しかし、離婚にあたって、妻が子どもたちの親権を取得してその家に住んでいくこと、および家の夫の所有分を妻の名義に変更するということに夫婦が合意しました。その上で、ローンの借り換えを行い、残っているローンの全額を妻が引き受けて払っていくという変更が銀行に認められました。ただし、これが可能だった理由は、妻の実家がかなりの資産家であったことと、実は妻のほうが夫をしのぐ年収を得ていたためでした。

負の財産は分けられない

家庭裁判所では、オーバーローンの物件は離婚時に夫婦が共同して形成した財産を分け合う「財産分与」の対象とはされません。負の財産は分けることができないと考えるからです。

夫婦にとって最大の負債となっていることが多いオーバーローンの家については解決を見出すのが容易ではなく、離婚にあたって最大の紛糾課題となるというのが実情です。いざ離婚しようとなってこの問題に直面する夫婦がほとんどです。

その意味で、この章の最初に教訓として述べたように、結婚生活が安定し、その展望が明確になるまで待ってから、家を建てたり、家やマンションを購入するというのが、重要な条件であると言っても過言ではありません。

あとがき

四〇年以上にわたって筆者は家族と離婚に関心を払ってきました。とりわけ過去二十余年は実務家の教育にあたったり、家庭裁判所の家事調停委員として実務を担当したりして、参与観察を行って集中的に探究を深めてきました。このたび、何十年にもわたる雌伏のときを経て、その成果を読者の皆さまへお届けできることをたいへんうれしく思います。

本書は、離婚のことがふと頭に思い浮かんだり、離婚についてなんとなく気になり始めた人に、幸福な離婚がもたらされるために必要な知識を伝えています。

離婚について真剣に考えてみたいという人の要望にも十分に応えられるようにしました。すなわち、一般的には知られていない、離婚が取り扱われる実際の状況をふまえて、幸福な離婚をなし遂げるための実践的な知識と知恵を提供しています。本書のなかには、実は、もし著者自身がもう少し早く知っていたならば、自分の人生が変わったと思われるような重要な知見も盛り込まれています。

読者の皆さまに理解していただきやすいように、本書は数多くのケースを用いて離婚について説明してきました。これらのケースは、言うまでもなく私が家事調停委員として担当したケースを紹介したものではありません。個人情報への配慮を十分に行い、ケースの本質を失わないようにして、判例データベースの判例や、家族や離婚に関する専門雑誌などに掲載されている類似の事例を参考にして合成したり、補ったりしたものです。

ケースを提示して、幸福な離婚へと至るために必要な知識をお伝えするという方法は、中央公論新社書籍編集局文庫編集部の藤平歩さんの卓抜したアイデアによるものです。藤平さんには、四半世紀前にお目にかかって以来、折に触れてご助言を賜ってきました。この度、藤平さんのご指導とご尽力によって、筆者の長年の悲願である離婚に関する著書を世に出す機会が与えられたことに、心からお礼申し上げます。

日本における離婚、結婚、養子等について執筆するにあたって、直接言及することは避けましたが、念頭に置いた日本以外の国——とりわけスウェーデン、英国、フランス、オーストリア、中国、アメリカ合衆国等——の離婚の状況について、折に触れてご教示くださった、Peter and Axianne Gerdman、Ann-Sofie Sandell、Maria and Anthony Mizen、Satomi Sakamoto-Heurley、Frank and Dagmar Höpfel、Junnan Zheng、James Holstein、Gale Miller、Joel Best をはじめとする皆さまへ感謝いたします。

スウェーデンで、DV、薬物乱用などの問題を抱える大人や、非行や問題行動をする子どもを家族ごと施設に住まわせて家族療法を行う施設に泊まり込ませてくださった先生や、アメリカ合衆国で、家族を一つのシステムとして捉え、言葉に着目して短期間で成果を得るブリーフ・セラピーの拠点であったブリーフ家族療法センター（BFTC）でセッションを参観させていただいた先生には、とくにお礼を申し上げます。

私事にわたって恐縮ですが、現在、自宅で一〇一歳と九五歳になった父母と生活しています。くも膜下出血、骨折、胃がん、肺炎などの危機を乗り越えるとともに、早朝からの世話に追われながら執筆してきました。この原稿が完成し、編集や出版にあたってくださった方のお力添えによって刊行に至ったことに深謝いたします。

本書が、読者の皆さまがより幸せな人生を送るのにお役に立つことを願っています。

参考文献

鮎川潤「家庭内暴力」『松山商大論集』第三四巻三号、一九八三年。

鮎川潤「核家族の問題と展望」山口透編『人生社会学』高文堂出版社、一九八六年。

鮎川潤『新版　少年非行――社会はどう処遇しているか』放送大学叢書　左右社、二〇二二年。

鮎川潤『新版　少年犯罪――18歳、19歳をどう扱うべきか』平凡社新書、二〇二二年。

石塚理沙「離婚後の共同親権について――離婚後の子の養育の現状と共同親権に関する議論」『立法と調査』四二七号、二〇二〇年。

稲葉昭英「離婚と子ども」稲葉昭英・保田時男・田渕六郎・田中重人編『日本の家族1999−2009』東京大学出版会、二〇一六年。

大阪家事調停協会「高葛藤事案の調停の進め方――きょうだい分離の事案を題材に」『ケース研究』三四五号、二〇二二年。

小田切紀子・町田隆司編著『離婚と面会交流』金剛出版、二〇二〇年。

河原俊也「かなりや」『千葉少年友の会だより』七二号、二〇二三年。

菊地真理「ステップファミリーと養子制度の在り方について――『連れ子養子』は子の利益になるか」

『家庭の法と裁判』三九号、二〇二二年。

橘高真佐美「親権・監護権の実際（1）」『家族〈社会と法〉』三八号、二〇二二年。

栗林佳代「離婚後の親子の交流（面会交流）の保障――子の権利・利益の視点から」二宮周平編集代表・犬伏由子編『現代家族法講座　第二巻　婚姻と離婚』日本評論社、二〇二〇年。

直原康光他「父母の離婚後の子の養育の在り方に関する心理学及び社会学分野等の先行研究に関する調査研究報告書」法制審議会家族法制部会　参考資料一〇－一、二〇二一年。

社会保障審議会児童部会児童虐待等要保護事例の検証に関する専門委員会「子ども虐待による死亡事例等の検証結果等について」第一八次報告　二〇二二年九月。

ジョーンズ、コリン・P・A（Jones, Colin P. A.）『子どもの連れ去り問題――日本の司法が親子を引き裂く』平凡社新書、二〇一一年。

高橋愛子『離婚とお金　どうなる？住宅ローン！』プレジデント社、二〇　六年。

棚瀬一代『離婚と子ども――心理臨床家の視点から』創元社、二〇〇七年。

棚村政行「日本法の問題整理」『家族〈社会と法〉』二四号、二〇〇八年。

日弁連法務研究財団　離婚後の子どもの親権及び監護に関する比較法的研究会編『子どもの福祉と共同親権――別居・離婚に伴う親権・監護法制の比較法研究』日本加除出版、二〇〇七年。

二宮周平「離婚後の子の養育を支える仕組み――子の権利の視点から」『戸籍時報』八二八号、二〇二二年。

野沢慎司「ステップファミリーをめぐる日本的課題――子どもの権利に着目して」『家庭の法と裁判』

三九号、二〇二二年。
野沢慎司・菊地真理『ステップファミリー――子どもから見た離婚・再婚』角川新書、二〇二一年。
広部和也「児童の権利条約とその国内適用可能性」『家族〈社会と法〉』一〇号、一九九四年。
ベスト、ジョエル編（Best, Joel ed.）*Images of Issues: Typifying Contemporary Social Problems*, New York, Aldine de Gruyter, 1995.
細矢郁「面会交流調停の新しい運営モデルについての理解を深めるために」『ケース研究』三四一号、二〇二一年。
山口亮子「親権法の理論（1）」『家族〈社会と法〉』三八号、二〇二二年。
ＢＢＣ（英国放送協会）「日本人妻に『連れ去られた』子供に会いたい……仏男性が東京でハンガーストライキ」（二〇二一年八月四日）https://www.bbc.com/japanese/video-58054707
「国際連合　児童の権利委員会　日本の第４回・第５回政府報告に関する総括所見（仮訳）」（二〇一九年三月五日）https://www.mofa.go.jp/mofaj/files/100078749.pdf
（United Nations Human Rights Treaty bodies https://tbinternet.ohchr.org/_layouts/15/TreatyBodyExternal/Download.aspx?symbolno=CRC%2FC%2FJPN%2FCO%2F4-5&Lang=en）
「日本における子の連れ去りに関する欧州議会決議の概要（仮訳）」二〇二〇年七月九日。（外務省欧州局政策課）https://www.moj.go.jp/content/001347789.pdf

参考文献

判例データベース（ＬＥＸ／ＤＢ等）
新聞データベース（中日新聞、朝日新聞、読売新聞、毎日新聞等）
『ケース研究』『家庭の法と裁判』『家庭裁判月報』等の雑誌
法制審議会家族法制部会の議事録および提出された資料
その他

ラクレとは…la clef=フランス語で「鍵」の意味です。
情報が氾濫するいま、時代を読み解き指針を示す
「知識の鍵」を提供します。

中公新書ラクレ
799

幸福《こうふく》な離婚《りこん》
家庭裁判所《かていさいばんしょ》の調停現場《ちょうていげんば》から

2023年 7 月10日発行

著者……鮎川《あゆかわ》 潤《じゅん》

発行者……安部順一

発行所……中央公論新社
〒100-8152 東京都千代田区大手町 1-7-1
電話……販売 03-5299-1730　編集 03-5299-1870
URL https://www.chuko.co.jp/

本文印刷……三晃印刷
カバー印刷……大熊整美堂
製本……小泉製本

Published by CHUOKORON-SHINSHA, INC.
Printed in Japan　ISBN978-4-12-150799-0　C1236

中公新書ラクレ　好評既刊

L634
人生の十か条
辻　仁成 著

作家で、ミュージシャンで、一人の父、辻仁成氏。多様な活動を前に生じた想いをツイッターやWEBサイトを通じて発信している。この新書は、その辻氏が配信して反響を呼んでいる「十か条」に、書き溜めたコラムやエッセイを合流、大幅に加筆編集をしたもの。悩んだときや壁にぶつかったとき、あなたはどう考え、そしてどう行動するべきか？　不運、トラブル、人間関係。どんなに辛いことも、この「十か条」があれば、きっと大丈夫。

L699
たちどまって考える
ヤマザキマリ 著

パンデミックを前にあらゆるものが停滞し、動きを止めた世界。17歳でイタリアに渡り、キューバ、ブラジル、アメリカと、世界を渡り歩いてきた著者も強制停止となり、その結果「今たちどまることが、実は私たちには必要だったのかもしれない」という想いにたどり着いたという。混とんとする毎日のなか、それでも力強く生きていくために必要なものとは？　自分の頭で考え、自分の足でボーダーを超えて。あなただけの人生を進め！

L703
不登校、うつ状態、発達障害　思春期に心が折れた時　親がすべきこと
——コロナ禍でも「できる」解決のヒント
関谷秀子 著

うつ状態、摂食障害、発達障害……。心の悩みを抱えた思春期の子どもたちを病院に連れて行けば、すぐに病名が付き、薬も処方されます。けれど、どんな病名が付いたとしても、子どもの本当の悩みと向き合わずに問題が解決することはありません。思春期の子どもの心の悩みの背景には親子関係や両親の夫婦間関係の問題が隠れていることも多いのです。子どもが再び前向きに生きるために、親が家庭の中でできることがあるのです。

L711

無心のすすめ
——無駄なものをそぎ落とす

枡野俊明 著

禅の世界は「過去」も「未来」も存在しません。あるのは「今」という一瞬だけです。その一瞬一瞬を丁寧に生きる。ひとつのことに執着せず、自分がやるべきことに集中する。それが「無心」です。邪念、我欲、煩悩、執着から離れたところに「無心」があります。本書は、人生を豊かなものにしてくれる「シンプルな生き方」を実践するための手引き書です。自分の心をコントロールできるようになれば、「小さな悟り」をつかめるでしょう。

L726

東京を捨てる
——コロナ移住のリアル

澤田晃宏 著

コロナ下で地方移住への関心が高まっている。コロナ流行後に東京から兵庫県淡路島に移住した著者が、コロナ移住者や移住支援機関、人気自治体を訪ね歩き、コロナ下の人の動きを徹底取材。注目を集める地域おこし協力隊や新規就農の実態もレポートする。田舎の生活費や補助金情報、空き家の探し方から中古車の選び方まで、地方移住に関する実用的な情報を網羅し、ガイドブックとしても読める1冊だ。

L739

親が子供に教える一生お金に苦労しない12の方法

荻原博子 著

社会の変化のスピードは速くなり、一生懸命働いてさえいれば食べていける時代は終わりました。求められるのは自分自身の判断でお金と上手く付き合っていくこと。そのための「基本のキ」を教えてあげることこそ、親が子供に対してできる最高の贈り物です。普段のくらしの中で率直にお金の話をすれば、子供も自然と知識が身につくもの。学校では教えてもらえないお金の「常識」について、本書を参考に子供とたくさん話をしてください。

L749

「命」の相談室
——僕が10年間少年院に通って考えたこと

ゴルゴ松本 著

「命」などの漢字ギャグでお茶の間の人気者となったお笑いコンビ・TIMのゴルゴ松本。彼は二〇一一年から現在までの十年間、全国各地の少年院を中心に漢字の知識を通して人生について語るボランティア活動「命の授業」を行ってきた。長きにわたり若者の人生に寄り添い続けてきた著者が、生き方に惑う人たちの悩みに答え、生きづらい時代を楽しく生きるヒントを与える、令和版「命の授業」。巻末に俳優・武田鉄矢氏との特別対談を収録。

L760

60代からの幸福をつかむ極意

——「20世紀最高の知性」ラッセルに学べ

齋藤　孝 著

日本は「隠れ幸福大国」である。ただ、バラ色老後のために足りないのは「考え癖」と「行動癖」。この二つを身に付けるための最良テキストが、哲人ラッセルの『幸福論』。同書を座右の書とする齋藤氏が、現代日本の文脈（対人関係、仕事、趣味、読書の効用、SNSとの付き合い方等々）に読み替えながら、定年後の不安感を希望へと転じるコツを伝授する。なお、ラッセルは九七歳まで知と平和と性愛に身を投じた高齢社会のロールモデル。

L761

娼婦の本棚

鈴木涼美 著

キャバクラやアダルトビデオなど、夜に深く迷い込んで生きていた頃、闇に落ちきることなくこの世界に繋ぎ止めてくれたのは、付箋を貼った本に刻まれた言葉だった――。母親が読んでくれた絵本の記憶、多感な中高生の頃に出会った本、大学生からオトナになる頃に手に取った本など、自らを形作った20冊について綴る。アリス、サガン、鈴木いづみ、岡崎京子、山田詠美、橋本治……新たに、または改めて、本と出会える読書エッセイ。

L762

孤独の哲学

——「生きる勇気」を持つために

岸見一郎 著

孤独感や孤立とどう向き合うべきか？　どうすれば克服できるのか？　老いや死への恐れ、コロナ禍やSNSの誹謗中傷などますます生きづらくなる社会に、「救い」はあるのか？　著者はアドラー心理学を読み解く第一人者だが、NHKの「100分de名著」では三木清の『人生論ノート』やマルクス・アウレリウスの『自省録』を取り上げるなど、古今東西の哲学に詳しい。哲人たちの思索の上に、自らの育児、介護、教職経験を重ねて綴る人生論。

L773

歩きながら考える

ヤマザキマリ 著

パンデミック下、日本に長期滞在することになった「旅する漫画家」ヤマザキマリ。思いがけなく移動の自由を奪われた日々の中で思索を重ね、様々な気づきや発見があった。「日本らしさ」とは何か？　倫理の異なる集団同士の争いを回避するためには？　そして私たちは、この先行き不透明な世界をどう生きていけば良いのか？　自分の頭で考えるための知恵とユーモアがつまった1冊。たちどまったままではいられない。新たな歩みを始めよう！